I0698173

GABRIELE MARIOTTI – GIACINTO MARIOTTI

RITUALE EMULATION 1° Grado

APERTURA DELLA LOGGIA
CERIMONIA DI INIZIAZIONE
CHIUSURA DELLA LOGGIA

TRADUZIONE E COMMENTO

PREMESSA

Dante Alighieri, nel *Convivio*, II, al capitolo 1, afferma che le *scritture* (testi sacri e profani) si possono intendere e si debbono esprimere massimamente per quattro sensi.

Il primo significato è quello letterale, il più superficiale e facile. È quello che non va oltre il significato proprio delle parole inventate, come sono le favole. Il senso letterale è dunque il significato più elementare delle invenzioni poetiche, un significato che, preso alla lettera, va considerato falso.

Il secondo è quello allegorico, e questo è il senso che si nasconde sotto l'apparenza esteriore delle favole. È una verità nascosta sotto una piacevole finzione. È il significato profondo delle favole.

Il terzo significato è quello morale ed è quello che i lettori debbono attentamente andare a cercare. Le parole, infatti, nascondono un importante valore etico.

Il quarto senso è quello anagogico, che significa "che viene dall'alto", cioè soprasensibile, che contiene ed esprime verità trascendenti. Spiega il significato spirituale delle scritture. Pertanto, è il più difficile da interpretare, perché nasconde verità sovrannaturali.

I Rituali massonici sono, per lo più, velati da allegorie e mimetizzati da simboli. Per utilmente comprendere il loro significato, non bisogna fermarsi al primo senso letterale, ma andare oltre. Sta in noi, se siamo dei veri iniziati, togliere il velo che li ricopre e protegge, cioè svelarli, per, poi, ri-coprirli e ri-velarli.

La finalità dell'opera che abbiamo voluto intraprendere, con la pubblicazione del 1° Commentario, è quella di aiutare il lettore ad orientarsi e a dipanare l'apparente matassa della Conoscenza, in modo che egli possa, con i suoi tempi ed in ⁓ libertà, scoprire "la dottrina che s'asconde sotto il velame de li versi strani".

Ferentino, primavera 2022

GENESI DEL RITUALE EMULATION

Il Rituale[1] *Emulation* non è sicuramente il Rituale Massonico più antico, ma è certamente quello più diffuso ed è il Rituale utilizzato dalla Gran Loggia Unita d'Inghilterra nelle sue riunioni.
Poco prima della costituzione della Gran Loggia[2] Unita

---

[1] Altri Rituali utilizzati in Inghilterra sono: *Bristol, Humber, Logic, Oxford Revised Ritual, Stability, Taylor's, Universal, York, West End.*

[2] GRANDI LOGGE costituitesi in Inghilterra fino all'A.D. 2005:
1. 1705 *The Ancient and Honourable Society and Fraternity meeting since time immemorial in the City of York* detta anche *Old T.I. York Lodge* (pur non definendosi Gran Loggia, si comportava come tale, autorizzando la nascita di nuove Logge nello Yorkshire);
2. 1717 *Grand Lodge of London*. Originariamente esercitava la sua giurisdizione nelle tre miglia quadrate comprese tra il centro di Londra e Westminster; alla fine del 1723 iniziò ad esercitare la sua giurisdizione sulle Logge di Londra o vicino Londra nella zona che rientrava negli "Elenchi di Mortalità" e nelle dieci miglia di Londra;
3. 1725 *Grand Lodge of All England*. Tale nome fu adottato dalla *Old T.I. York Lodge*;
4. 1725 *Grand Lodge of England*, detta successivamente dei "Moderni". Tale nome fu adottato dalla "Gran Loggia di Londra";
5. 1751 *Grand Lodge according to the Old Constitutions*, conosciuta ___me quella degli "Antichi";
___ _th River Trent* costituita dalla *Grand Lodge England*;
___ *and Accepted Masons of England* ___ *stitutions*, che in seguito diventerà

___ *Philadelphes*;
___ *e of England.*

d'Inghilterra avvenuta il 27 dicembre 1813, a seguito della riunificazione delle due Gran Logge rivali (Gran Loggia dei Moderni – 1717 e Gran Loggia degli Antichi – 1751), nei primi giorni di dicembre di quell'anno, fu fondata la *Lodge of Reconciliation*.

La fondazione della *Lodge of Reconciliation* si rese necessaria per stabilire e, in seguito, darne dimostrazione della forma di Rituale da utilizzare nella Gran Loggia Unita d'Inghilterra.

La *Lodge of Reconciliation* cessò di lavorare nel giugno del 1816, dopo aver portato a termine i compiti affidatigli ed averli sottoposti all'approvazione nella Comunicazione Trimestrale di Gran Loggia.

La Gran Loggia approvò e convalidò le Cerimonie come dimostrate dalla *Lodge of Reconciliation* senza imporre, però, la loro adozione a tutte le Logge. Venne, invece, ordinato a tutte le Logge di utilizzare e praticare le Cerimonie di Apertura e Chiusura della Loggia, nonché gli Impegni Solenni relativi al Primo e al Secondo Grado.

La *Lodge of Reconciliation* si oppose alla trasposizione per iscritto del Rituale che, per altro, non ebbe alcuna denominazione, e si sciolse, come già detto, nel 1816.

Successivamente, nel 1817 si formò la *Stability Lodge of Improvement*[3], costituita da molti membri provenienti dalla

---

[3] A decorrere dal 1818 il Libro delle Costituzioni della Gran Loggia Unita d'Inghilterra stabilisce che ogni Loggia di Istruzione deve essere fondata, o con l'approvazione di una Loggia regolare da cui sarà patrocinata, o con la licenza e sotto l'autorità del Gran Maestro.
Le più importanti LOGGE D'ISTRUZIONI sono o sono state:
1. 1725 *Ancient Society of Masons of York*. È la prima Loggia di cui si ha testimonianza del tempo dedicato all'istruzione all'inter[...] dei Lavori di una Loggia ordinaria;
2. 1768 *St John's Lodge n°167* (G.L. Moderni) che si riunisce [...] Head ad Hampstead ed è il primo documento che [...] l'esistenza di una Loggia d'Istruzione;

Lodge *of Reconciliation*, con lo scopo di svolgere i lavori, così come dimostrati dalla stessa *Lodge of Reconciliation*; nel 1818 cominciò a lavorare la *Perseverance Lodge* finché si giunse al 2 ottobre 1823 allorchè fu fondata l'*Emulation*[4] *Lodge of Improvement* riservata esclusivamente a Fratelli Maestri Muratori.

L'*Emulation Lodge of Improvement* può, comunque, reclamare un ininterrotto e stretto legame con la *Lodge of Reconciliation*, quanto quello mantenuto dalla *Stability Lodge of Improvement* in quanto molti Fondatori della Emulation Lodge erano stati membri della *Burlington Lodge of Improvement* (fondata nel 1810 sotto la Prima Gran Loggia cosiddetta dei "Moderni") e dalla *Perseverance Lodge of Improvement*.

C'era un sostanziale grado di comune appartenenza, dato anche da un certo numero di "entrate ed uscite di Fratelli" tra queste ultime due Logge, cosicché, sebbene la *Burlington Lodge of Improvement* non abbia lavorato per due brevi periodi, ne è scaturita una virtuale, ma ininterrotta linea di successione dall'epoca in cui la *Lodge of Reconciliation* fissò e

3. 1774 *Lodge of Antiquity n° 2* (G.L. Moderni);
4. 1792 *The Nine Worthies or Excellant Masters* (G.L. Antichi);
5. 1792 *Grand Stewards' Lodge* (G.L. Moderni);
6. 1802 *Lodge of Promulgation* (G.L. Moderni). La finalità di questa Loggia era quella di verificare le eventuali possibilità di una unificazione delle due Gran Logge, di far ritorno agli Antichi "Landmarks" e di promulgarli tra i Fratelli. Solo per questo può considerarsi una Loggia d'Istruzione;
7. 1810 *Burlington Lodge of Improvement* (G.L. Moderni);
8. 1813 *Lodge of Reconciliation*;
9. 1817 *Stability Lodge of Improvement*;
10. 1823 *Emulation Lodge of Improvement*.

[4] Dal 1823 al 1830 l'*Emulation Lodge of Improvement* è stata patrocinata dalla *Lodge of Hope* (Loggia di Speranza); dal 1830 a tutt'oggi è patrocinata dalla Loggia dell'Unione.

dette dimostrazione del Rituale dei tre Gradi, giù fino alla fondazione della *Emulation Lodge of Improvement*.

L'*Emulation Lodge of Improvement* insegnava il Rituale stabilito dalla *Lodge of Reconciliation* per mezzo delle Lezioni, e non iniziò a dare regolarmente dimostrazione delle Cerimonie, così come oggi vengono date, fino al 1830 circa (la data precisa è incerta).

In quel tempo, infatti, le Lezioni costituivano il normale metodo di insegnamento del Rituale e l'*Emulation Lodge of Improvement* "lavorava" le Lezioni, fin dall'inizio, in accordo al sistema della *Grand Stewards's Lodge* che incorporò il nuovo Rituale a decorrere dal 1815.

La Grand *Stewards's Lodge* continuò a dare dimostrazione delle sue Lezioni nelle Serate Pubbliche, due volte all'anno, fino al 1867, anno in cui fu tenuta l'ultima Serata Pubblica.

L'*Emulation Lodge of Improvement* aderì a questo sistema, incorporò i cambiamenti così come erano stati introdotti dalla *Grand Stewards's Lodge* e, molto importante, ha continuato a lavorare regolarmente fino a tutt'oggi.

L'*Emulation Lodge of Improvement*, fin dalla sua fondazione, è guidata da un Comitato. Per molti anni, il Comitato dell'Emulation *Lodge of Improvement* ha rifiutato di dare il proprio "imprimatur" per la pubblicazione[5] del *Emulation*

---

[5] Molti furono i Rituali stampati quasi tutti derivati dalla *Stability Lodge*; i più antichi risultano essere:

1. 1835: *The Whole of the Lodge Ceremonies and Lectures Craft Masonry: as taught by the late P. Gilkes, together with the Ceremony of Installation*;
2. 1838: *A series of Masonic Illustrations, comprising all those taught by the late Bro. P. Gilkes with many others* di George Claret;
3. 1871: *The Perfect Ceremonies of Craft Masonry from Standard Authority, and as taught in the Unions Emulations Lodge of Improvement for Masters Masons*, pubblicato da A. Lewis.
4. 1879: *The Text Book of Freemasonry*, pubblicato a Londra da

Ritual, con il risultato che un certo numero di Rituali, che davano ad intendere di rispecchiare il lavoro *Emulation*, cominciarono ben presto a circolare e a diffondersi. Fra queste copie, il più ampiamente utilizzato è stato il *Nigerian Ritual* (Rituale Nigeriano), che fu pubblicato poco prima dello scoppio della Seconda Guerra Mondiale.

Alla fine, il Comitato pervenne alla conclusione che non c'era molto da guadagnare nel continuare a rifiutare l'autorizzazione di una versione ufficiale: nel 1969 il Rituale fu pubblicato. Fu raggiunto un accordo con A. Lewis per la pubblicazione del nuovo lavoro nel quadro di un accordo per mezzo del quale l'editore si sarebbe impegnato a ritirare dalla vendita The *Perfect Cerimonies* ed i *The Nigerian Ritual*.

L'*Emulation Lodge of Improvement* ha conservato quasi immutato il Rituale del 1816. Il suo Comitato dei Precettori ha sempre affermato, infatti, che nessuna autorità può modificare il Rituale fissato dalla Gran Loggia nel 1816, ad eccezione soltanto di alcune modifiche di tipo lessicale susseguenti alle risoluzioni adottate dalla Gran Loggia. Le modifiche, formalmente autorizzate, hanno riguardato esclusivamente le "punizioni" e sono state approvate da una consistente maggioranza nella Comunicazione Trimestrale di Gran Loggia tenutasi nel giugno 1986.

Reeves e Turner;
5. 1882: *West End Ritual*.

LA LOGGIA

Il termine "loggia" ha un triplice significato:

- locale dove si svolgono i lavori massonici (il Tempio);
- comunità iniziatica che si riunisce periodicamente in un locale per svolgere i lavori massonici: in tal caso, la loggia ha un proprio nome ed un numero identificativo;
- rappresentazione nella Tavola da Tracciamento.

Loggia degli addetti ai lavori di restauro della Cattedrale di York nel 2011.

All'inizio del XVIII secolo, i lavori della massoneria speculativa erano tenuti in luoghi che non erano progettati per i rituali massonici; si svolgevano, infatti, in stanze di residenze private, ma, soprattutto, di locande, per cui la loggia veniva rappresentata disegnandola per terra con il gesso o sul pavimento costituito da tavole di legno. Al termine della riunione, i disegni venivano rimossi, utilizzando degli stracci, dall'ultimo fratello che era entrato a far parte della loggia, fosse anche un nobile o un gentiluomo.

In seguito venne introdotto l'uso dei nastri che venivano

appuntati sul pavimento di legno; successivamente, venne utilizzato un tappeto disegnato o una tavola disegnata (*lodge board*/tavola di loggia) oppure un disegno su carta adagiato sopra un cavalletto, spesso collocato su un tavolo (*trestle board*/tavola su cavalletto) intorno a cui, seduti, i fratelli alternavano parti di Rituale o istruzione.

Tale disposizione cessò intorno al 1813 all'epoca della costituzione della Gran Loggia Unita d'Inghilterra.

Una prima raffigurazione dello spazio rituale la si può ritrovare nel *Wilkinson MS* (Manoscritto Wilkinson) del 1727 in cui la loggia viene definita come un luogo a forma di rettangolo oblungo.

La prima stesura grafica è quella rappresentata in *Three Distinct Knocks* (Tre Distinti Colpi) del 1760 in cui vengono indicati la posizione degli Ufficiali secondo i punti cardinali, così come sono attualmente.

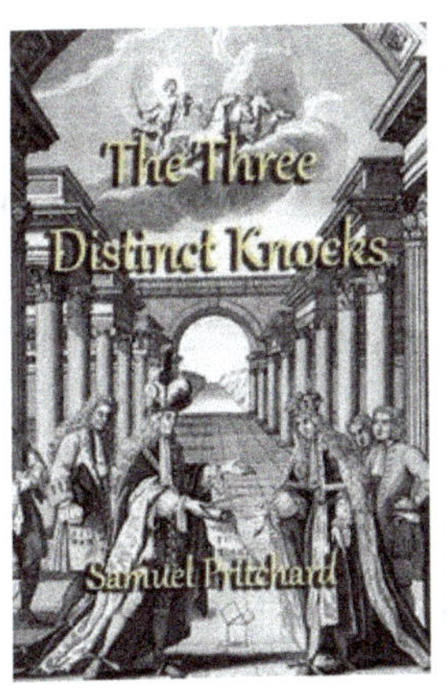

La loggia viene descritta come un "quadrato oblungo" che si estende in lunghezza da Est ad Ovest, in larghezza da Nord a Sud, in altezza dalla Terra al Cielo, in profondità dalla superficie della Terra al suo Centro. Il quadrato oblungo è un rettangolo in cui il lato maggiore è doppio rispetto al lato minore, in pratica si tratta di un rettangolo formato da due quadrati. Ciò sta a significare che il corpo fisico ha il suo "doppio", o la sua controparte eterea, nel corpo astrale che è un 'estensione della natura fisica e, quindi, un composto degli stessi quattro elementi in forma impalpabile ed eterea (l'Acqua rappresenta la natura fisica, l'Aria rappresenta la natura mentale, il Fuoco rappresenta la volontà e la forza nervosa, la Terra rappresenta la condensazione in cui gli altri tre elementi si stabilizzano e vengono racchiusi).

Infatti, secondo antiche tradizioni, lo Spirito che non è fisico e che non si è ancora manifestato, è rappresentato dal tre e dal triangolo.

Tutto ciò che è fisico e che ha una forma manifesta, viene rappresentato dal quattro e dal quadrato o quadrilatero. Infatti ogni realtà manifesta è un composto di quattro elementi, basici, metafisici, denominati Acqua, Aria, Fuoco e Terra.

Tuttavia lo Spirito che si proietta ad "indossare", un corpo o una forma materiale, cioè a manifestarsi, è anch'esso rappresentato dal quattro e dal quadrato o quadrilatero. Infatti, il nome ebraico della Divinità che si manifesta nel mondo esterno è il grande nome impronunciabile costituito da quattro lettere, cioè, il Tetragramma (v. il Rituale del Sacro Arco Reale di Gerusalemme).

Inoltre, la forma quadrangolare della loggia è un richiamo analogico all'organismo umano che è un composto di quattro elementi in proporzioni bilanciate; infatti, la loggia costituisce la proiezione dell'uomo (in Massoneria ogni cosa è rappresentativa dell'uomo).

Perciò, il primo ingresso dell'uomo in una loggia rappresenta il suo primo ingresso nella propria coscienza di sé.

La loggia ha un asse longitudinale ed un asse trasversale. Sommariamente, la loggia è costituita, in alto, da una volta, più in basso dalla fascia zodiacale, e, inferiormente, dal pavimento della loggia.

L'uomo, ponendosi con le spalle al Nord, osserva giornalmente il moto apparente del sole, della luna e degli altri corpi astrali, intorno alla terra.

Così posizionato, l'asse longitudinale, orizzontale, Est-Ovest, che corrisponde al parallelo di una data località, suddivide la loggia in una zona di "luce" e di "tenebra" (v. principio di dualità), costituendo l'orizzonte osservabile da chi si pone, ovviamente, con le spalle al Nord.

L'altro asse trasversale, verticale, Nord-Sud, corrisponde al meridiano terrestre della località.

L'intersezione degli assi Est-Ovest e Nord-Sud rappresenta il centro della loggia ed è il punto della nostra collocazione interiore, simbolica (v. il Centro nel Terzo Grado) su cui porre la Tavola da Tracciamento dopo l'apertura dei lavori.

Determinati i quattro punti cardinali, sarà possibile individuare, durante la giornata di 24 ore, le quattro principali posizioni solari che agli equinozi coincidono con le ore 6 (Est), le ore 12 (Sud), le ore 18 (Ovest), le ore 24 (Nord) (v. ora di apertura e chiusura della loggia).

Sempre seguendo il moto apparente del sole, non diurno, ma annuo, sarà possibile seguire il passaggio del sole attraverso i 12 segni zodiacali nell'arco di un anno, nell'alternarsi delle quattro stagioni a partire dall'equinozio di primavera nel punto in cui si intersecano il cerchio dell'equatore celeste con il cerchio dell'equatore dell'eclittica nel punto gamma del Segno di Ariete. Sarà, inoltre possibile evidenziare evocative corrispondenze determinate dai quattro elementi dell'uomo "osservatore", la loro alternanza in triplicità, nonché l'alternanza dei 12 segni zodiacali e dei quattro elementi in cardinali, fissi e mutevoli.

Ogni realtà è dominata dal principio di dualità, cioè degli opposti, quale bene e male, luce e tenebra, bianco e nero. Tali determinazioni, similmente alle idee platoniche o alle categorie aristoteliche, non sono né morali, né immorali, non affermano né negano, non sono né vere né false.

Tale concezione è rappresentata nel pavimento a scacchi costituito da quadrati bianchi e neri.

La dualità cesserà di esistere soltanto quando si perverrà ad un tale avanzamento di coscienza per cui gli opposti finiranno di essere percepiti come tali, ma si realizzeranno come unità e sintesi. Ciò si verificherà solo al completamento del processo iniziatico (v. il Sommo Sacerdote nel Rituale del Terzo Grado) allorché il Maestro camminerà sopra il pavimento a scacchi per calpestare la propria natura materiale, per soggiogarla e controllarla in modo da trascendere e dominare gli opposti in essa contenuti.

Solo in questo modo, il Maestro sarà in grado di innalzarsi sopra il bene ed il male, essendo al di sopra delle attrazioni e delle paure che governano i profani.

UFFICIALI DI LOGGIA

A norma dell'art. 104/a delle Costituzioni della Gran Loggia Unita d'Inghilterra, gli Ufficiali di Loggia si dividono in Ufficiali Regolari ed in Ufficiali Addizionali.[6]

[6] A Londra esistono soltanto tre Logge in cui è prevista la carica di Oratore. Due di queste, da tempo immemorabile, sono la Loggia *Antiquity n° 2* e la Loggia *Fortitude and Old Cumberland n° 12*; la terza è la Loggia *Pilgrim n°238*, di lingua tedesca che utilizza il Rituale Schroeder.

All'epoca della sua fondazione, avvenuta nel 1793, a Beverly nello Yorkshire, la Loggia *Costitutional* prevedeva la carica di Oratore, ma al riguardo si hanno testimonianze molto scarse.

Il più antico riferimento alla carica di Oratore compare nella *Reception d'un Frey-Maçon* del 1737

(1)

L. faut d'abord être proposé à la Loge comme un bon Sujet, par un des Freres, fur fa réponfe, l'on eft admis à fe prefenter, le Recipiendaire eft conduit par le Propofant, qui devient fon Parain, dans une des Chambres de la Loge, où il n'y a pas de lumiere, & où on lui demande

(3)

mande à être réçû : (*Nota*, qu'il y a en dehors & en dedans de cette Chambre, des Freres furveillans, l'Epée niie à la main, pour en écarter les profanes.) Le Grand - Maître qui a un cordon bleu taillé en triangle, au col, dit, demandés-lui s'il à la vocation, ce que le Parain va éxecuter, le Recipiendaire ayant répondu qu'oüi, le Grand-Maître ordonne de le faire entrer, alors il eft introduit, & on lui fait faire trois tours dans la Chambre, au tour d'un efpace d'écrit fur le Plancher, où l'on a crayonné une efpece de répréfentation, fur deux colomnes des débris du Temple de Salomon; aux deux côtez de cette efpace on a auffi figuré avec le crayon un grand J. & un grand B. dont on ne donne

A ij

che è la più antica esposizione francese. Secondo tale testo era compito dell'Oratore rivolgersi al Candidato prima dell'Impegno Solenne ed il discorso, racchiuso in una singola frase, è curiosamente un richiamo alla mente dei rilievi evidenziati dal MV, anche oggi, allo stesso punto dell'Iniziazione ("nell'Impegno Solenne

Maestro Venerabile	**MV**	_The Master of Lodge_ _The Worshipful Master_
Immediato Ex Maestro Venerabile	**IEM**	_The Immediate Past Master_
Primo Sorvegliante	**1°S**	_The Senior Warden_
Secondo Sorvegliante	**2°S**	_The Junior Warden_
Tesoriere	**T**	_The Treasurer_
Segretario	**Segr.**	_The Secretary_
Primo Diacono	**1°D**	_The Senior Deacon_
Secondo Diacono	**2°D**	_The Junior Deacon_
Guardia Interna	**GI**	_The Inner Guard_
Copritore	**C**	_The Tyler_

non vi è nulla di incompatibile con i nostri doveri civili, morali o religiosi").

La carica di Oratore non esiste nel sistema rituale inglese in quanto l'Oratore non deve pronunciare o rivolgere alcun discorso o commento, né altri Fratelli, peraltro, devono presentare propri lavori: la nobile arte oratoria occupa un posto rilevante nel dopo-riunione di Loggia, in quanto l'Agape è parte integrante dei lavori di Loggia. I Lavori di Loggia prevedono esclusivamente apertura e chiusura della Loggia e svolgimento delle Cerimonie.

Cappellano	**Capp.**	_The Chaplain_
Direttore delle Cerimonie	**DC**	_The Director of Ceremonies_
Elemosiniere		_The Almoner_
Addetto alla Carità		_The Charity Steward_
Assistente Direttore delle Cerimonie	**ADC**	_The Assistent Director of Ceremonies_
Organista		_The Organist_
Assistente Segretario	**ASegr.**	_The Assistent Secretary_
Cerimonieri		_The Stewards_

Considerato che la Loggia è la proiezione dell'uomo, notevole importanza sarà rivolta a vivere intensamente le varie cariche confidando nelle analogie e nelle corrispondenze tra macro e microcosmo:

MV	SPIRITO (Pneuma)
1° S	ANIMA (Psiche)
2° S	MENTE (Intelletto)
1° D	Legame tra SPIRITO ed ANIMA
2° D	Legame tra ANIMA e MENTE
GI	CORPO ASTRALE
C	CORPO FISICO

APERTURA DELLA LOGGIA[7]

MV

1°S

2°S

MV – Fratelli, assistetemi ad aprire la Loggia.
TUTTI *si alzano (se non già in piedi per l'Inno di Apertura)*
MV *(al 2°S, chiamandolo per nome)* – Fr. ... qual è il primo dovere di ogni Muratore?
2°S – Assicurarsi che la Loggia sia correttamente coperta.
MV - Fate compiere quel dovere.
2°S *(alla GI, chiamandolo per nome)* – Fr. ... assicuratevi che la Loggia sia correttamente coperta.
GI *(va alla porta, non la apre, dà tre distinti colpi)*
C *(risponde con gli stessi colpi)*
GI *(torna davanti al proprio posto, senza Passo né Segno, rivolgendosi per nome al 2°S)* – Fr. ... la

---

[7] In genere l'Apertura, o la Chiusura, della Loggia nei tre Gradi viene considerata priva di particolare significato rispetto alle Cerimonie. In realtà, l'Apertura della Loggia, con l'attivazione delle energie interiori, con l'acquisizione della coscienza di sé e della conoscenza personale raggiunta da parte dei partecipanti alla riunione, è da considerarsi un atto sacramentale in quanto determina l'apertura della mente e del cuore verso la Divinità.

L'Apertura viene eseguita mediante l'utilizzo dei segni, dei simboli e di azioni, talvolta anche contemporanee, eseguite da parte degli officianti, il cui impiego richiede una gestualità corporea o un'intenzione mentale.

La finalità di tutto ciò è di "accordare", in quel determinato grado, non solo tutti gli Ufficiali ed i partecipanti alla riunione, ma anche il Candidato alla Cerimonia, purché "adeguatamente preparato" dal presentatore.

Loggia è correttamente coperta.

2°S – La Loggia è correttamente coperta.

MV *al 1°S, chiamandolo per nome* – Fr. ... qual è il secondo dovere?

1°S – Assicurarsi che siano presenti soltanto Muratori.

MV – All'ordine, Fratelli, nel Primo Grado.

TUTTI *formano il Passo e il Segno di AA.* [8]

---

[8] Fino al 1720 il termine "Apprendista Ammesso" (AA), che traduce *Entered Apprentice (EA),* non compare in alcun documento inglese; vi compare solo il termine "Apprendista" *(Apprentice).* Per spiegare il termine "Apprendista Ammesso" è necessario tornare indietro all'antica pratica operativa.

Gli Apprendisti, come tali, erano, di solito, contrattualmente vincolati ai loro Maestri per sette anni; tali Maestri, peraltro, si assumevano l'impegno di introdurre i loro Apprendisti nelle Logge durante il succitato periodo. Ad Edimburgo esisteva la norma che gli Apprendisti dovevano essere registrati nel "Registro degli Apprendisti" *(Register of Apprentices)* al momento dell'inizio del loro vincolo contrattuale. Nel Registro, vigente dal 1583, venivano annotati il nome dell'Apprendista e del relativo padre, il mestiere svolto dal padre ed il suo luogo di residenza, nonché il nome, il mestiere e la residenza del Maestro, la data di registrazione e la data effettiva del vincolo contrattuale, qualora ci fosse stato un ritardo nella registrazione. Queste dettagliate testimonianze comunali diventano davvero preziose a decorrere dal 1599 (anno degli Statuti *Schaw*) quando, attraverso i verbali della Loggia di Edimburgo *(Mary's Chapel)*, è possibile identificare oltre un centinaio di Apprendisti e controllare le date in cui venivano ammessi come tali nella Loggia: ciò avveniva 2-3 anni dopo l'inizio del vincolo contrattuale e segnava l'inizio del loro percorso all'interno della Loggia. Diventavano Compagni d'Arte circa 7 anni dopo essere stati fatti Apprendisti

MV – Fr. 2°S, quanti ufficiali principali vi sono nella Loggia?

2°S – Tre: il MV, il I° e il 2°S.

MV – Fr. 1°S, quanti ufficiali assistenti vi sono?

1°S – Tre, a parte il C, e più precisamente: il I° e 2°D, e la GI.

MV *al 2°S* – Dov'è il posto del C?

2°S – Fuori della porta della Loggia

MV – Qual è il suo dovere?

2°S – Armato di una spada sguainata, tenere lontano tutti gli intrusi e gli irregolari[9] dalla Muratoria e assicurarsi che i Candidati siano correttamente preparati.

MV *al 1°S* – Dov'è il posto della GI?

1°S – All'interno, presso la porta della Loggia.

MV – Qual è il suo dovere?

Ammessi, cioè, in pratica, circa 10 anni dopo aver iniziato la loro formazione. Senza dubbio, *entered* significa "ammesso", ma significa anche "iscritto" o "registrato" nel Registro Municipale, per cui, forse, l'esatta traduzione di *Entered Apprentice (EA)* non è "Apprendista Ammesso" (AA), ma "Apprendista Iscritto" o "Apprendista Registrato". Ad ogni modo nella Gran Loggia del 1717 veniva evidenziato che la dignità di Apprendista Libero Muratore (ALM) veniva conferita dall'Ammissione o Accettazione, costituendo, in pratica, in quel momento, così come verrà, in seguito, stabilito dalla Gran Loggia del 1723, l'unico Grado conseguito in Loggia.

[9] Con "irregolari" si traduce il vocabolo *cowans*, termine desueto, utilizzato ancora nelle campagne inglesi. Letteralmente i *cowans* erano coloro che costruivano "muri a secco", con le pietre e senza calcina, che delimitavano e dividevano le proprietà terriere; erano, come si è solito dire oggi, abusivi, "irregolari", che godevano di limitati diritti e doveri. Invece, i "regolari", erano gli *Entered Apprentices* che, oltre a frequentare la Loggia, per apprendere ed esercitarsi nell'Arte, dovevano essere iscritti in un Registro Municipale. Ciò avveniva soprattutto in Scozia.

1°S – Ammettere i Muratori che hanno dato prova di esserlo, ricevere i Candidati nella forma dovuta e obbedire ai comandi del 2°S.

MV *al 2°S* – Dov'è il posto del 2°D?

2°S – Alla destra del 1°S.

MV – Qual è il suo dovere?

2°S – Portare tutti i messaggi e le comunicazioni del MV dal I° al 2°S e accertarsi che questi vengano puntualmente eseguiti.

MV *al 1°S* – Dov'è il posto del 1°D?

1°S – Alla destra o vicino alla destra del MV.

MV – Qual è il suo dovere?

1°S – Portare tutti i messaggi e gli ordini dal MV al 1°S e attendere il ritorno del 2°D.

MV – Fr. 2°S, dov'è il vostro posto in Loggia?

2°S – A S.

MV – Perché siete posto là?

2°S – Per indicare il sole al suo meridiano, per chiamare i Fratelli dal lavoro al riposo e dal riposo al lavoro, affinché ne possa risultare profitto e diletto.

MV – Fr. 1°S, dov'è il vostro posto in Loggia?

1°S – A O.

MV – Perché siete posto là?

1°S – Per indicare il sole al tramonto, per chiudere la Loggia su comando del MV, dopo essersi assicurato che ogni Fratello abbia avuto ciò che gli è dovuto.[10]

---

[10] Al fine di cogliere ed apprezzare il profondo significato dell'espressione "... che ogni Fratello abbia ciò che gli è dovuto", corre l'obbligo di prendere in considerazione versioni che possono essere tra loro integranti:

a)   Si dice che nel passato, gli Iniziati venivano retribuiti con salari. Secondo la tradizione massonica, i salari erogati non erano in denaro, in quanto questo non era in uso presso quelli che avevano, già, imparato a vivere senza di esso e senza i metalli, ma in grano, vino ed olio. Gli Iniziati venivano, così, retribuiti in natura, in quanto il loro compito era di ricostruire gradualmente il corpo e la mente. Il nuovo corpo e la nuova mente richiedono, infatti, sostentamento per ricostruirli. Il cibo che consumiamo diventa costruzione nel nostro organismo. Diventiamo, pertanto, ciò che mangiamo. Il grano attiene alla costruzione del corpo, il vino serve per stimolare la mente, rafforzando l'intelletto ed approfondendo la visione interiore, mentre l'olio è il lubrificante del sistema. Il grano ed il vino fanno riferimento agli elementi dell'eucarestia cristiana, anche se già presenti nei Misteri, mentre l'olio si riferisce alla sapienza, alla saggezza, alla conoscenza ed è il risultato del *secretum* cioè il secreto dell'oliva, frutto dell'ulivo, rappresentativo di Atena/Minerva. Questi elementi sono presenti nell'Ultima Cena: grano, vino ed il Monte degli Ulivi. Inoltre, grano, vino ed olio sono disposti sull'altare nella consacrazione di ogni Loggia.

b) Considerando alcuni manoscritti della muratoria operativa del XIV e XV secolo non esistevano, allora, due Sorveglianti, ma uno solo, che fungeva da capo-squadra, cui spettava il compito di assicurare sul posto di lavoro una perfetta armonia fra i muratori. Nel caso in cui fosse sorta una disputa, che presentasse delle difficoltà per un immediato accomodamento, il Sorvegliante doveva fissare quello che veniva chiamato il "giorno benevolo", che era un giorno dedicato all'accomodamento amichevole della disputa; ma, nel frattempo, ognuno doveva continuare a svolgere il proprio lavoro. Le disposizioni in merito specificano che il "giorno benevolo" doveva essere tenuto in un giorno consacrato, e non in un giorno lavorativo, al fine di non recare alcun pregiudizio al lavoro e agli interessi del datore di lavoro. Si trovano diverse versioni di tale frase nei nostri rituali, inclusa dell'Universo su tutte le nostre azioni; possano i nostri lavori, così iniziati in ordine, essere condotti in pace ed essere chiusi in armonia.

TUTTI – E così sia.

MV – Fratelli, in nome del Grande Architetto dell'Universo, io dichiaro la Loggia debitamente aperta (**TUTTI** *completano il Segno*) per gli scopi della Libera Muratoria nel Primo Grado.

MV 

1°S *e alza la Colonna*[11]

una che ricorre "… di pagare agli uomini il loro salario ed osservare che ogni Fratello abbia avuto ciò che gli è dovuto". Tuttavia un'attenta versione dei testi, che trattano dei compiti dei Sorveglianti, evidenzia che il salario non ha nulla a che fare con tale espressione: si tratterebbe soltanto di stabilire chi, tra gli attori della disputa, avesse ragione. Qualora, invero, si trattasse del giusto salario inteso come ricompensa, tale espressione potrebbe essere messa in relazione alla

c) Teologia della Giustificazione: tale problematica è presente nell'ebraismo e nel cristianesimo (cattolico e protestante), ma non nelle altre religioni. Paolo di Tarso fa riferimento a questa teologia con la dottrina del Giorno del Giudizio. Il principio del Giudizio sarà l' "esatta retribuzione" spettante ad ogni uomo ed il criterio di tale Giudizio sarà la "legge di Dio". Secondo Martin Lutero, la Giustificazione è un dono della Misericordia di Dio, attraverso la Fede (v. Cerimonia di Iniziazione, dove al Candidato viene richiesto in chi ripone fiducia e, per quanto riguarda la Misericordia, nelle parole pronunciate dal MV prima della prova della Carità).

[11] Quando la Loggia era costituita esclusivamente da operativi, c'era, soltanto, un Sorvegliante. Fino a tutto il XVIII secolo, la maggior parte del lavoro di Loggia veniva svolto intorno ad un tavolo e si alternavano momenti in cui la Loggia era aperta, per svolgere il lavoro rituale e d'istruzione e momenti in cui la

Loggia era sospesa, per consentire la consumazione di un pasto, per i "brindisi" e le "bicchierate". Se la Loggia veniva sospesa, ed i Fratelli rimanevano al loro posto, allora, doveva essere mostrato un qualche segnale, riconoscibile a colpo d'occhio, per indicare se la Loggia era al lavoro o al riposo. Spettava, così, al Sorvegliante, cui, per antica tradizione, era affidata la Loggia durante i suoi lavori, alzare una colonna per indicare ai Fratelli che essi erano al lavoro. Quando i lavori erano sospesi, la sua colonna si abbassava. Allorché, nella muratoria speculativa, fu introdotto un altro Sorvegliante, sembra verosimile che, per trovare un corrispondente compito al 2° Sorvegliante, a questi sia stata affidata la Loggia quando era al riposo (così, quando si sospendono i lavori, è la colonna del 2° Sorvegliante che viene alzata, mentre si abbassa quella del 1° Sorvegliante). Fino al 1730, in nessuna esposizione si fa menzione delle colonne dei Sorveglianti; soltanto nel periodo compreso tra il 1730 e il 1760 ne viene fatta risalire la pratica di alzare ed abbassare le colonne, che stava a significare una distinzione tra quando la Loggia è aperta e quando la Loggia è chiusa.

[12] Le due più antiche colonne presenti nella letteratura muratoria, a decorrere dal 1400, non sono quelle del Tempio di Re Salomone, ma quelle costruite dai figli di Lamech, su cui furono incise tutte le scienze allora conosciute, al fine di preservarle dalla distruzione, in caso di diluvio o incendio. In

tutti questi documenti, che sono circa 130, il tempio di Re Salomone giocava un ruolo soltanto molto marginale e le sue due colonne non vi apparivano in tutti. E' solo a decorrere dal 1700 che troviamo nominate le colonne di Re Salomone. Nel *MS Dummfries n° 4* del 1710 si osserva, per la prima volta, la comparsa di un gruppo di "Tre colonne" con un significato inusuale quale quello di Squadra, Compasso e Bibbia. Nel *Grand Mystery of Free-Masons Discovered* del 1724, le colonne assumono un forte simbolismo religioso-cristiano in quanto rappresentano "in tutte le epoche Forza e Stabilità nella Chiesa". In *Masonry Dissected* di Pritchard e nel *MS Wilkinson*, ambedue del 1730, si ritrova la prima menzione delle "Tre colonne che sorreggono la Loggia ...(cioè) Saggezza, Forza e Bellezza". Tali colonne costituiscono un gruppo separato di tre colonne che erano puramente simboliche e non facevano parte dell'arredo di Loggia. Sono stati i fabbricanti degli arredi di Loggia a trasformarli in candelabri posti rispettivamente dinnanzi al MV (la Saggezza), al 1° Sorvegliante (la Forza) e al 2° Sorvegliante (la Bellezza).

CERIMONIA DI INIZIAZIONE [13]

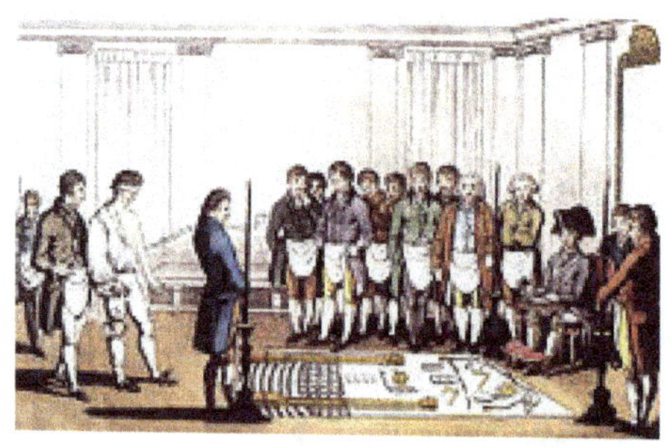

Iniziazione massonica (sec. XVIII)

C *prepara[14] il Cand. e, quando è pronto per*

[13] Anticamente era chiamata *Ceremony of making a mason* (Cerimonia per fare un muratore). La finalità di tale Cerimonia è quello di introdurre il Candidato ad un primo stadio di conoscenza e di autodisciplina, in modo da trasformare la sua mente da uno stato di oscurità ad uno di luce. La Cerimonia di Iniziazione ha la sua influenza, non solo sulla realtà circostante, in quanto consente di andare oltre gli aspetti esteriori delle cose, ma soprattutto sulla conoscenza personale del Candidato. E' una sorta di Cerimonia di Rigenerazione o Rinascita, peraltro analoga al Battesimo cristiano, che è l'evento iniziale della vita religiosa. Come la Cerimonia del Battesimo si svolge nell'estremità occidentale della chiesa, così il Candidato fa ingresso nella Loggia ed inizia il suo percorso massonico ad Occidente.

[14] Nei tre Gradi, al Candidato vengono rimossi parte dei suoi vestiti e viene invitato ad assumere una particolare posizione durante l'Impegno Solenne. Ciò sta ad indicare che, prima che il Candidato possa conseguire la propria personale

rigenerazione, tutto quello che avvolge il proprio sé, deve, a mano a mano, sgretolarsi, il proprio orgoglio deve essere reso umile, il proprio attaccamento ai beni esteriori ed i radicati pregiudizi mentali devono essere recisi. Si tratta di un processo graduale; per questo motivo, lo spogliarsi e la posizione da assumere durante l'Impegno Solenne, in ciascun Grado, riguarda differenti parti del corpo del Candidato: nel Primo Grado soltanto un ginocchio poggia per terra; nel Secondo Grado poggia per terra l'altro ginocchio, mentre nel Terzo Grado la posizione assunta significa che l'umiltà raggiunta dal Candidato non è più parziale, ma totale, dal momento che ogni resistenza della mente ed ogni pervicacia della volontà sono, alla fine, colate a picco per condurre a completezza la propria arrendevolezza alla Legge di Dio sul cui simbolico volere, il Candidato ha posto prima una mano ed, alla fine, ambedue le mani. Nel Primo Grado il Candidato è spogliato e bendato, ad indicare lo stato mentale del Candidato. Infatti, anche il Candidato dotato di vasta cultura ha sempre qualcosa da apprendere, purché si spogli degli orpelli, abbatta le barriere mentali, abbandoni le conoscenze superficiali, per cercare quelle più profonde o per integrarle. "Spogliarsi del vecchio uomo" (cfr. Paolo, *Lettera agli Efesini*, 4:22-24).

[15] I tre colpi sono da riferirsi alle tre facoltà del Candidato, in quanto questi dovrebbe "chiedere", con le dovute aspirazioni

del suo cuore, dovrebbe "cercare", con le attività intellettuali della sua mente, dovrebbe "bussare", con la forza delle sue energie corporee. Nella ricerca della Luce, l'uomo viene visto nella sua totalità. I colpi possono essere intesi, anche, come vibrazioni che, se persistenti, abbattono qualsiasi cosa venga ad esse opposta, sia fisica che mentale. "Chiedete e vi sarà dato, cercate e troverete, bussate e vi sarà aperto, perché chiunque chiede riceve e chi cerca trova e a chi bussa sarà aperto" (Matteo, *Vangelo*, 7: 7-8)

[16] Condotto alla porta della Loggia, il Candidato fa conoscenza dell'opposizione che, come una barriera, si frappone al suo percorso. La porta simboleggia un elemento ostruttivo presente nel Candidato stesso. Noi erigiamo nel mondo profano le nostre barriere mentali, che non sono altro che gli abituali metodi di pensare, i pregiudizi, i preconcetti, le "idee fisse", che diventano ostruzioni alla percezione nel mondo iniziatico. Noi erigiamo le nostre porte personali contro noi stessi e blocchiamo la nostra luce personale; alla fine, nel cercare di tornare alla luce, troviamo noi stessi, avendo di fronte l'oscurità e l'opposizione da noi stessi create. Sono queste barriere che devono essere abbattute dalla forza dei nostri colpi, cioè dei nostri sforzi. "Entrate per la porta stretta, perché larga è la porta e spaziosa la via che conduce alla perdizione, e molti sono quelli che entrano per essa. Quanto stretta è invece la porta ed angusta la via che conduce alla

Candidato in uno stato di oscurità[17], che è stato attentamente e degnamente raccomandato, regolarmente proposto ed approvato in Loggia aperta, ed ora viene, di propria libera volontà e con il suo consenso, correttamente preparato, umilmente sollecitando di essere ammesso ai misteri e ai privilegi della Libera Muratoria.

GI – Come spera di ottenere tali privilegi?

C *suggerendo al Cand.* – Con l'aiuto di Dio, essendo libero e di buona reputazione *(il Cand. ripete)*.

GI – Attendete, mentre riferisco al M.V. – *chiude a chiave la porta, torna davanti al proprio posto, forma Passo e Segno di AA, che mantiene* –MV, il Sig. … *(nome e cognome)*, un povero Candidato in uno stato di oscurità, che è stato attentamente e degnamente raccomandato, regolarmente proposto ed approvato in Loggia aperta, ed ora viene, di propria libera volontà e con il suo consenso, correttamente preparato, umilmente sollecitando di essere ammesso ai misteri e ai privilegi della Libera Muratoria.

MV – Come spera di ottenere tali privilegi?

GI – Con l'aiuto di Dio, essendo libero e di buona reputazione.

MV – Abbiamo già udito a suo favore la lingua della buona reputazione[18]; garantite voi, Fr. GI, che egli sia

vita, e quanto pochi sono quelli che la trovano" (Matteo, 7: 13-14).

[17] Da sempre, fin dall'inizio della nostra vita terrena, la ricerca della Verità e della Luce, deve essere necessariamente una ricerca nell'oscurità, una bendata, barcollante ricerca nel buio, in cerca di chi siamo, finché la vita non ci aprirà gli occhi sul fatto che stiamo dissipando noi stessi tra apparenze e futilità, ̶ntre ci può essere qualcosa di valore più elevato e di ̶̶ercare e da perseguire.

̶̶le di un'espressione già presente in ̶̶, in cui il simbolismo della lingua è ̶̶l simbolismo della chiave. "Buona ̶̶l'espressione *good report*, che è una correttamente preparato?

GI – Lo garantisco, MV.

MV – Che egli sia dunque ammesso nella forma dovuta.

GI *completa il Segno.*

MV – Fratelli Diaconi.

1°D *posiziona l'inginocchiatoio.*

GI *prende il pugnale e va alla porta seguito dal 2°D, che sta alla sua sinistra e dal 1°D, che sta alla sua destra; apre la porta, restando sulla soglia, come prima, quindi punta il pugnale sulla parte sinistra del petto nudo del Cand.*

GI *– Sentite qualcosa? – dopo una risposta affermativa del Cand., alza il pugnale sopra la testa per fare vedere che ha compiuto il proprio dovere.*

2°D *prende saldamente la mano destra del Cand. nella sua mano sinistra, (il 1° D sta alla sinistra del Cand.) e lo conduce davanti all'inginocchiatoio. Tutti e tre sono in piedi, rivolti verso E.*

GI *dopo che il Cand. è entrato, chiude a chiave la porta, posa il pugnale sul tavolo del 1°S, e torna al proprio posto.*

MV *al Cand. chiamandolo per nome* – Sig. ..., poiché nessuno può essere fatto Muratore se non è libero ed in età matura, io vi domando: siete voi un uomo libero e di diciotto anni compiuti?

2°D *suggerendo al Cand.* – Si, lo sono - *il Cand. ripete.*

MV – Così rassicurato, vi prego di inginocchiarvi, mentre invochiamo la benedizione del Cielo sui

forma moderna di un appellativo mistico molto antico dato al Candidato. Ha un significato molto più profondo di *good reputation*. Implica che la natura del Candidato è una natura animata da un'onestà spirituale che tintinna come una moneta e che emette una nota convincente quando viene prodotta. "Il vero della voce" è la forma egizia di "buona reputazione" (*good report*) ed è per questa ragione che, in seguito, nell'avvicinarsi a ciascun Sorvegliante, il Candidato viene invitato a far risonar fuori una propria nota in modo ch' il Sorvegliante possa stabilire se è davvero "il vero della vo' e se è qualificato a passare oltre.

nostri lavori.

2°D *aiuta il Cand. ad inginocchiarsi sussurrandogli istruzioni, se necessario, quindi lascia la mano destra.*

MV   🔨   **1°S**   🔨   **2°S**   🔨

D.ni *tenendo le aste con la mano sinistra, le incrociano sopra la testa del Cand. e danno il Segno di Riverenza.*

TUTTI *si alzano e danno il Segno di Riverenza (il Cand. non deve dare alcun Segno).*

PREGHIERA[19]

> **Capp.** *(o MV)* – Concedi il Tuo aiuto, Padre Onnipotente e Supremo Governatore dell'Universo, a questa nostra riunione, e fa' che questo Candidato alla Libera Muratoria possa dedicare e consacrare la sua vita al Tuo servizio, così da diventare un vero e leale Fratello tra noi.
> Dotalo della capacità della Tua Divina Saggezza, cosicché, assistito dai segreti della nostra Arte Muratoria, possa al meglio avere la Forza di scoprire la Bellezza della vera devozione, ad onore e gloria del Tuo Santo Nome.
> **IEM** – E così sia.

[19] Non è una preghiera recitata dal Candidato, bensì dai Fratelli ed è a favore del Candidato e del *Craft*. Il Candidato può, ora, diventare parte integrante dell'Ordine. La preghiera contiene il primo riferimento alla trinità costituita dalla Saggezza ("dotalo della capacità della sua divina Saggezza"), dalla Forza ("possa avere la Forza …") e dalla Bellezza ("… di scoprire la Bellezza della vera devozione"). Nella illustrazione della Tavola da Tracciamento di Primo Grado, si afferma che la Loggia è sostenuta da tre grandi colonne denominate Saggezza, Forza e Bellezza: la Saggezza per concepire, la Forza per sostenere, e la Bellezza per ornare l'uomo interiormente. L'Universo è il Tempio della Divinità: Saggezza, Forza e Bellezza sono intorno al suo trono, come colonne delle sue opere, poiché la Sua Saggezza è infinita, la Sua Forza è onnipotente e la Sua Bellezza brilla nell'intimo creato in ordine e simmetria. Nella ritualità derivante dal Rito Scozzese, nell'apertura della Loggia in Primo Grado, sono collocati al centro della Loggia, in corrispondenza del Maestro Venerabile, del Primo e del Secondo Sorvegliante, tre candelabri che sono da questi ultimi accesi affinché la Saggezza illumini il lavoro della Loggia, la Forza lo renda saldo e la Bellezza lo irradi e lo compia.

TUTTI *abbassano il Segno.*

D.ni *disincrociano le aste e le impugnano ancora con la mano destra.*

MV – In tutte le situazioni di difficoltà e di pericolo, in chi riponete la vostra fiducia?[20]

2°D *(suggerendo ad alta voce al Cand.)* – In DIO[21] *(il Cand. ripete).*

MV – Sono veramente lieto di constatare come la vostra fede sia così ben riposta; confidando su un così sicuro sostegno, potete alzarvi con sicurezza e seguire la vostra guida con ferma, ma umile fiducia, poiché siamo certi che, dove si invoca il nome DIO, non può seguire alcun pericolo.

MV *si siede.*

2°D *aiuta il Cand. ad alzarsi e riprende saldamente la sua mano destra, come prima.*

TUTTI *(eccetto i **D.ni** e **Cand.**) siedono.*

1°D *sposta l'inginocchiatoio alla propria sinistra, per consentire il passaggio del 2°D e del Cand.*

MV  **1°S**  **2°S**  

MV – I Fratelli del N, E, S e O prendano nota che il Sig. … sta per passare in rassegna davanti a loro per dimostrare che egli è il Candidato correttamente preparato ed è persona degna e adatta ad essere fatta Muratore.

2°D *tenendo saldamente la mano destra del Cand. come prima, lo istruisce sottovoce a partire con il piede sinistro ed inizia la deambulazione percorrendo il lato N, fino all'angolo NE della Loggia,*

[20] Tale domanda è posta per verificare se il Candidato sia idoneo ad esporsi a circostanze di pericolo. L'iniziazione massonica, tuttavia, è un'iniziazione virtuale e non reale, per cui in questa Cerimonia non dovrebbero presentarsi difficoltà di alcun genere. Negli Antichi Misteri, invece, la Cerimonia è così impegnativa da far sorgere delle difficoltà tali da mettere a dura prova il Candidato relativamente alla sua stabilità fisica, mentale e morale.

[21] Il Candidato dovrebbe dare una risposta personale frutto della propria riflessione.

[22] Il Candidato si accinge a compiere delle perambulazioni. Il Candidato si abbandona ad essere condotto ovunque lo si guidi, denotando quella sottomissione, docilità, umiltà con cui dovrebbe seguire la Verità, ovunque essa possa portare, perfino ad approdi pericolosi. La finalità di tali perambulazioni è quella di persuadere i Fratelli della propria idoneità. Durante tali perambulazioni il Candidato, pur in uno stato di oscurità, non è solo. Con lui c'è una guida illuminata ed intorno a lui ci sono numerosi Fratelli, desiderosi del suo avanzamento spirituale e della sua restituzione alla Luce. Ciò sta a significare che chiunque voglia ascendere verso l'alto ha dentro di sé la propria personale guida e che il suo impegno viene osservato da invisibili spettatori.

[23] Il Candidato viene condotto presso ciascun Sorvegliante e viene invitato a percuotere la spalla destra di ciascuno di essi, come per risvegliarli. Il gesto compiuto dal Candidato non è altro che la ripetizione dei colpi precedentemente dati alla porta della Loggia; ma, mentre la prima volta i colpi sono stati dati alla materia inerte (la porta), adesso sono rivolti ad un essere vivente (il Sorvegliante). Tutto ciò sta a significare che nei nostri tentativi di allontanarci dal mondo esteriore per penetrare nel mondo interiore, non soltanto dobbiamo

destra del Cand.

2°S – Chi avete là?

2°D – Il Sig. ... un povero Candidato in uno stato di oscurità, che è stato attentamente e degnamente raccomandato, regolarmente proposto ed approvato in Loggia aperta, ed ora viene, di propria libera volontà e con il suo consenso, correttamente preparato, umilmente sollecitando di essere ammesso ai misteri e ai privilegi della Libera Muratoria.

2°S – Come spera di ottenere tali privilegi?

2°D – Con l'aiuto di Dio, essendo libero e di buona reputazione.

2°S *si alza e si volge verso il Cand.*

2°D *pone la mano destra del Cand nella mano destra del 2°S.*

2°S – Entrate, voi che siete libero e di buona reputazione *(rimette la mano destra del Cand. nella mano sinistra del 2°D e si siede).*

2°D *prende saldamente la mano destra del Cand. e lo conduce all'angolo SO della Loggia, che viene squadrato, e quindi fino a S del piedistallo del 1°S, fermandosi a una distanza conveniente in posizione parallela al piedistallo; tenendo saldamente la mano destra del Cand., batte tre volte la spalla destra del 1°S con la mano destra del Cand.*

1°S – Chi avete là?

2°D – Il Sig. ... un povero Candidato in uno stato di oscurità, che è stato attentamente e degnamente raccomandato, regolarmente proposto ed approvato in Loggia aperta, ed ora viene, di propria libera

superare la nostra personale opposizione, spesso, da noi stessi creata, ma dobbiamo risvegliare e stimolare all'azione alcune vivide energie che risultano essere assopite in noi stessi. Infatti, in ciascuno di noi risiedono alcuni principi assopiti, di cui fa anche riferimento il Volume della Legge Sacra, quali principi spirituali latenti, che sono simbolizzati dai Sorveglianti o "sentinelle": *"Sopra le mura ho disposto delle Sentinelle che non tacciono né giorno né notte"* (Isaia, 62:6); *"Se il Signore non veglia sulla città, le sentinelle vegliano invano"* (Salmi, 127:1).

volontà e con il suo consenso, correttamente preparato, umilmente sollecitando di essere ammesso ai misteri e ai privilegi della Libera Muratoria.

1°S – Come spera di ottenere tali privilegi?

2°D – Con l'aiuto di Dio, essendo libero e di buona reputazione.

1°S *si alza e si volge verso il Cand.*

2°D *pone la mano destra del Cand. in quella del 1°S.*

1°S – Entrate, voi che siete libero e di buona reputazione. *(rimette la mano destra del Cand. nella mano sinistra del 2°D e resta in piedi)*

2°D *tenendo saldamente la mano destra del Cand., lo conduce a N del piedistallo del 1°S, quindi, compiendo un giro in senso antiorario, mette la mano destra del Cand. nella mano sinistra del 1°S e fa volgere il Cand. verso E, successivamente si pone alla sinistra del Cand., anch'egli rivolto verso E.*

1°S *alzando la mano destra del Cand. con la mano sinistra, forma il Passo e il Segno di AA* – MV, vi presento il Sig. ... un Candidato correttamente preparato per essere fatto Muratore – *mantiene il Segno e continua a sostenere la mano destra del Cand.*

MV – Fr. 1°S la vostra presentazione avrà il dovuto seguito e a tale proposito rivolgerò alcune domande al Cand., alle quali, confido, egli vorrà rispondere con sincerità.

1°S *completa il Segno, mette la mano destra del Cand. nella mano sinistra del 2°D e si siede.*

2°D *prende la mano destra del Cand. dalla mano sinistra del 1°S, quindi, si mette alla destra del Cand. tenendogli saldamente la mano; entrambi sono rivolti verso E.*

MV *al Cand.* – Dichiarate seriamente sul vostro onore che, non condizionato da inopportune sollecitazioni da parte di amici contro la vostra personale inclinazione, e non influenzato da altro motivo indegno o venale, vi offrite liberamente e volontariamente quale Candidato ai misteri e ai privilegi della Libera Muratoria?

2°D *suggerendo ad alta voce al Cand.* – Sì, lo dichiaro *(il Cand. Ripete).*

MV – Dichiarate allo stesso modo di essere spinto a sollecitare tali privilegi dalla buona opinione che vi siete formato sull'Istituzione, da una generale voglia di conoscenza e da un sincero desiderio di rendervi ancor più disponibile verso i vostri simili?[24]

2°D *suggerendo ad alta voce al Cand.* – Sì, lo dichiaro *(il Cand. ripete).*

MV – Dichiarate, inoltre, seriamente, sul vostro onore, che, evitando il timore da un lato e l'avventatezza dall'altro, procederete, con ferma perseveranza, nella cerimonia della vostra Iniziazione e, se ammesso, agirete e vi comporterete in seguito secondo gli antichi usi ed i tradizionali costumi dell'Ordine?

2°D *suggerendo ad alta voce al Cand.* – Sì, lo dichiaro *(il Cand. ripete).*

MV – Fr. 1°S, ordinate al 2°D di istruire il Candidato ad avanzare verso il piedistallo nella forma dovuta.

1°S – Fr. 2°D, è comando del MV che istruiate il

---

[24] Dopo essere passato intorno alla Loggia per dimostrare ai Sorveglianti la propria idoneità, il Candidato viene presentato al Maestro Venerabile per l'iniziazione. Prima di essere accettato, al Candidato viene richiesto di impegnarsi su tre richieste, la più importante delle quali risulta essere la seconda *"Dichiarate allo stesso modo di essere spinto ... da una generale voglia di conoscenza e da un sincero desiderio di rendervi ancor più disponibile verso i propri simili?"*. Cioè, la ricerca della Luce è finalizzata alla conoscenza e al miglioramento di se stesso ed a rendere un servizio all'umanità. Nessuno può veramente rendere servizio all'umanità, se non sa come farlo; per tale motivo, l'acquisizione della conoscenza viene esplicitata per prima, in modo che il Candidato possa apprendere realmente ed effettivamente che cosa è il servizio. Una volta acquisita, la conoscenza non è destinata a finalità egoistiche, ma per essere messa al servizio altruistico del genere umano. Tale concetto ha notevole importanza nel Cristianesimo, tanto che la teologia, cristiana in generale, e cattolica in particolare, afferma che la grazia di Dio tocca tutti gli uomini, credenti e non credenti che siano, purché la loro scelta di vita sia il bene degli altri, oltre che, legittimamente, anche il proprio.

Candidato ad avanzare verso il piedistallo nella forma dovuta.[25]

2°D *istruisce il Cand. a partire con il piede sinistro e lo guida diagonalmente in una posizione di fronte al MV a circa quattro passi dal piedistallo e, trattenendo ancora la mano del Cand., gli sussurra di unire i piedi, quindi di ruotare il piede destro in modo da formare una squadra (con la punta del piede sinistro rivolta verso E e la punta del piede destro rivolta verso S).*

2°D *si rivolge a voce alta al Cand., assicurandosi che segua esattamente le istruzioni* – Fate un breve passo con il piede sinistro, unendo quindi i talloni a forma di squadra. Fatene un altro, un po' più lungo, unendo i talloni come prima. Un altro passo ancora, più lungo, unendo i talloni come prima. *(Il Cand. dovrebbe giungere a breve distanza dall'inginocchiatoio, in modo da potersi inginocchiare senza dover avanzare ulteriormente, con il piede sinistro rivolto verso E ed il piede destro rivolto verso S a forma di squadra).*

1°D *si mette alla sinistra del Cand. contemporaneamente all'arrivo di questi e del 2°D,*

[25] Il Candidato ha appena completato il simbolico girovagare intorno alla Loggia, che sta a dimostrare le sue ottenebrate peregrinazioni da quando è venuto alla nascita in questo mondo (Ovest). Durante il suo procedere, è passato ciecamente, attraverso regioni ed esperienze, alcune volte di oscurità (Nord), altre volte di minore (Sud) o maggiore illuminazione (Est), ignorando totalmente verso quale luogo stava andando, o quale era lo scopo della sua vita, oppure se, ad un dato momento, era vicino o lontano dal suo obiettivo. Ma queste inconsapevoli peregrinazioni, eseguite circolarmente, hanno termine quando il Candidato si allontana da Ovest verso Est. I suoi passi possono continuare ad essere irregolari, ma sono nella giusta direzione. Intellettualmente ed emozionalmente, il Candidato può ancora procedere a zig-zag e barcollare, prima di raggiungere un'andatura stabile, ma ha trovato la strada.

MV – È mio dovere informarvi che la Muratoria è libera e che richiede ad ogni Candidato una perfetta libertà di inclinazione verso i suoi misteri.

Essa è fondata sui più puri principi di pietà e di virtù. Possiede grandi e inestimabili privilegi e, per assicurare questi privilegi a uomini degni, riponiamo fiducia solo in uomini degni, sono richieste delle promesse solenni di fedeltà, ma posso assicurarvi che in queste promesse solenni non vi è nulla di incompatibile con i vostri doveri civili, morali o religiosi.

Siete dunque disposto a prestare un Solenne Impegno[26], fondato sui principi che ho enunciato, di mantenere inviolati i segreti ed i misteri dell'Ordine?

---

[26] Nella Massoneria operativa, cioè nelle antiche Gilde di Mestiere, veniva stipulato, tra i suoi componenti, un patto di Segretezza, a salvaguardia dei privilegi della stessa Gilda ed a protezione dei segreti tecnici della categoria. La Massoneria speculativa ricalca il comportamento degli operativi in questo ed in altri aspetti, ma le ragioni, a favore della segretezza e dell'essere impegnato ad essa, sono molto più profonde dell'esigenza di silenzio sui segreti formali dell'Ordine. Si deve evidenziare che il silenzio e la segretezza vengono imposti, non tanto nell'interesse dell'Ordine in generale, quanto in quello del singolo Fratello stesso. Il silenzio è necessario per apprezzare le nuove percezioni che gli perverranno, per giudicare le nuove idee ed esperienze che incontrerà e per valutare le reazioni mentali che il neofita proverà, come risultato di esse. L'esperienza insegnerà al Candidato il profondo valore del silenzio. Il Candidato, inoltre, comprenderà che la Luce e la Saggezza non si acquisiscono *sic et simpliciter* da una fonte che può essere visivamente vista, oppure essergli oralmente rivelata, ma dal graduale assemblamento delle nuove idee e dalla loro graduale assimilazione e coordinazione con la propria mente, per cui le sue energie dovrebbero essere conservate e non sciupate nel

Cand. – Lo sono *(se il Cand. non risponde spontaneamente, il **2°D** deve sussurrargli 'Rispondete'. Si suppone che il Cand. dia questa risposta liberamente avendo la possibilità di rifiutare. Se egli dovesse rifiutare, la cerimonia non può proseguire e il Cand. viene condotto fuori della Loggia).*

MV – Inginocchiatevi dunque sul ginocchio sinistro formando una squadra con il piede destro *(il Cand. esegue)*; datemi la vostra mano destra, che io pongo sul Volume della Legge Sacra *esegue* – mentre la vostra mano sinistra sarà impegnata a sostenere questo Compasso, una punta del quale è diretta contro il vostro petto sinistro nudo.

2°D *assiste sollevando la mano destra del Cand. al momento opportuno.*

1°D *assiste sollevando la mano sinistra del Cand. al momento opportuno.*

MV *posa un braccio del Compasso nella mano sinistra del Cand. e ne dirige la punta superiore verso il petto sinistro nudo; l'altra punta è rivolta verso il basso).*

MV 🔨 **1°S** 🔨 **2°S** 🔨

TUTTI *si alzano, Passo e Segno di AA.*

D.ni *incrociano le aste[27] sul capo del Cand.*

parlare. Al di fuori della Loggia si verifica, giornalmente, un inutile sperpero di energia umana, per sterile loquacità e per argomentazioni pubbliche, che potrebbero essere indirizzate a fini più elevati. La via della vita interiore, cui si accede simbolicamente, oltrepassando la porta della Loggia, è tutto il contrario: si richiede silenzio e parsimonia di parole. Quando verrà il momento di porre fine al silenzio, si genererà la forza necessaria per parlare con autorità ed efficacia. Ciò avverrà, soltanto, quando si acquisirà la sufficiente saggezza di saper cosa dire, come, quando, e a chi dirlo: *"c'è un tempo per tacere ed un tempo per parlare"* (*Ecclesiaste*, 3:7). Soltanto dopo una dura disciplina di silenzio *"la bocca parla"*.

[27] Le aste incrociate stanno ad indicare il triangolo, forma geometrica che da sempre è stata considerata ricca di qualità

MV *al Cand.* – Dite il vostro nome per intero e ripetete dopo di me:

Io, … – *il Cand. dice nome e cognome* – alla presenza del Grande Architetto dell'Universo, e di questa degna, venerabile e legittima Loggia di Liberi e Accettati Muratori, regolarmente riunita e correttamente dedicata, di mia personale libera volontà e con il mio consenso, con questa[28] – *tocca con la mano sinistra la mano destra del Cand.* – e su questo – *con la mano sinistra tocca il Volume della Legge Sacra* – sinceramente e solennemente prometto e mi impegno di celare, nascondere e giammai rivelare alcuna parte o parti, punto o punti dei segreti o dei misteri propri o appartenenti ai Liberi e Accettati Muratori nella Muratoria, che possano essere stati conosciuti da me fino ad ora, o che mi vengano adesso o in qualsiasi momento del futuro comunicati, salvo che a uno o più Fratelli veri e regolari e neppure a lui o a loro, se non dopo adeguata prova, severo esame, o sicura informazione, da parte di un Fratello ben conosciuto, che egli o essi siano degni di tale confidenza; oppure in seno ad una Loggia, giusta, perfetta e regolare di Antichi Liberi Muratori.

Inoltre, prometto solennemente di non scrivere tali misteri, né di porli su carta, scolpirli, disegnarli, inciderli o altrimenti delinearli; né di provocare o

sacre. Possono, anche, rappresentare una porta, attraverso la quale il Candidato passa a nuova vita.

[28] Il Candidato presta l'Impegno Solenne sul simbolo visibile della Parola Divina che non parla mai, di cui non c'è nulla di più loquace, ma allo stesso tempo di più silente. Con la mano destra collocata sul Volume della Legge Sacra, si mette in contatto con essa e con essa si identifica. Emulando, in tal modo, il suo silenzio, può finalmente ritrovare quella Parola Perduta di cui la Massoneria è in cerca, diventando, così, capace di farla risuonare, emettendola fuori dalla sua persona.

tollerare che ciò sia fatto da altri, se in mio potere di prevenirlo, su qualsiasi cosa, mobile o immobile, sotto la volta del Cielo, per mezzo della quale o sulla quale alcuna lettera, carattere o figura, o la minima traccia di una lettera, carattere o figura possa divenire leggibile o intelligibile a me stesso o a chiunque altro al mondo, cosicché le nostre arti segrete e i nostri misteri nascosti possano essere impropriamente conosciuti a causa della mia indegnità.

Solennemente prometto di osservare tutti questi diversi punti, senza evasione, equivoco o riserva mentale di alcun genere, nella piena consapevolezza che, violando anche solo uno di essi, sarò bollato come individuo volutamente spergiuro, privo di ogni valore morale e assolutamente indegno di essere accolto in questa venerabile Loggia o in qualunque altra legittima Loggia o società di uomini che stimi l'onore e la virtù al di sopra dei vantaggi esteriori del rango e della ricchezza. Che Dio mi aiuti e mi mantenga saldo in questo mio Grande e Solenne Impegno di AALM.

TUTTI *completano il Segno.*

D.ni *abbassano le aste, che impugnano ora con la mano destra.*

MV *rimuove il Compasso dalla mano sinistra del Cand.*

1°D *abbassa la mano sinistra del Cand. lungo il fianco; la mano destra del Cand. resta sul Volume della Legge Sacra.*

MV – Ciò che avete appena ripetuto non può essere considerato che una seria promessa; come pegno della vostra fedeltà e per renderla un Solenne Impegno vogliate suggellarla con le vostre labbra sul Volume della Legge Sacra *(Il Cand. esegue).*

2°D *se necessario, istruisce il Cand. a bassa voce.*

MV – Essendo stato tenuto per un considerevole tempo in uno stato di oscurità, qual'è, nella vostra attuale condizione, il desiderio predominante del vostro cuore?

2°D *suggerendo ad alta voce al Cand.* – La Luce *(il Cand. ripete).*

MV – Fr. 2°D, che tale benedizione sia restituita al Candidato[29].

2°D *con uno sguardo dovrebbe indicare al MV*

[29] L'oscurità in cui è stato finora immerso il Candidato non è

l'oscurità determinata dalla benda: tale oscurità è solo simbolica. La vera oscurità è quella che si è venuta a determinare con la nascita fisica e che avvolge la nostra esistenza, fino a quando non si desta in noi quella "Luce" latente che ci condurrà alla rinascita iniziatica. Con "Luce", anche qui, non deve intendersi quella fisica, ma la conoscenza spirituale, che stimola in noi quanto è stato finora inconscio o scarsamente cosciente (la luce latente). Pertanto, con il Primo Grado si ha un primo stadio di ampliamento della conoscenza; il Secondo Grado segnerà il "passaggio" ad un ulteriore aumento di conoscenza; con il Terzo Grado si determinerà un "innalzamento" fino ad un "avanzamento" più ampio di conoscenza; il Supremo Grado dell'Arco Reale indicherà una sublime finale "esaltazione" di conoscenza mistica. Così, attraverso questi Gradi si potrà "ascendere alla collina del Signore". Qui, termina la ricerca inconsapevole della Verità, condotta a tentoni e con gli occhi bendati, ma, al contempo, inizia la ricerca intelligente e con gli occhi aperti dell'Iniziato.

[30] Nei più antichi rituali si fa menzione soltanto delle "Tre Luci" e non delle "Tre Grandi Luci" o delle "Tre Piccole Luci", come nell'attuale Rituale. In alcuni testi redatti tra il 1696 ed il 1714, le "Tre Luci" sono rappresentate dal MV, dal Sorvegliante e dal Compagno d'Arte. Nel Manoscritto *Sloane* del 1700 le "Tre

Luci" sono rappresentate dal MV, dal Sole e dalla Squadra. Nei testi redatti nel 1724-1725, le "Tre Luci" corrispondono alle tre persone della Trinità, cioè, il Padre, il Figlio e lo Spirito Santo. Inoltre, c'è una serie di testi redatti nel 1724, 1725 e 1726 in cui si fa menzione delle dodici Luci rappresentate dal Padre, Figlio, Spirito Santo, Sole, Luna, MV, Squadra, Regolo, Filo a Piombo, Fune, Maglio, e Scalpello. E' da notare che, sebbene sia menzionata la Squadra, sono omessi sia il Volume della Legge Sacra che il Compasso: è chiaro che le "Tre Grandi Luci", intese nel senso moderno del termine, non hanno fatto ancora la comparsa come parte del Rituale. C'è, tuttavia, un'interessante serie di domande contenute nel Manoscritto *Dumfries* n° 4 del 1710 - "Quante colonne vi sono in una Loggia?" - che mostrano che il VLS, la Squadra ed il Compasso venivano utilizzati, ma non riferiti come "Luci". Nei documenti a decorrere dal 1696 in avanti ci sono molte domande relative alla posizione delle "Luci": in genere la maggior parte delle risposte indicano Est, Sud, ed Ovest. Le versioni più antiche, nell'indicare la finalità delle "Luci", affermano che esse servivano ad illuminare l'uomo che andava, era e veniva dal lavoro. Riguardo alla loro rappresentazione, vengono indicati il Sole, la Luna ed il MV. Ad ogni caso, a decorrere dal 1730, vengono utilizzate soltanto "Tre Luci", che corrispondono alle "Tre Piccole Luci", anche se non avevano tale nome, che stanno a rappresentare il Sole, la Luna ed il MV. Le "Tre Grandi Luci" erano ancora sconosciute ... Nel

1760, nel Manoscritto *Three Distinct Knocks*, fanno la loro comparsa le due versioni attuali, cioè, la "Tre Grandi Luci" (VLS, Squadra e Compasso) e le "Tre Piccole Luci" (Sole, Luna e MV), rappresentate da tre candele o tre finestre collocate ad Est (MV), ad Ovest (Luna) e a Sud (Sole). Le Tre Grandi Luci hanno lo scopo di rivelare al Candidato i Principi e la Legge, presenti in tutti gli uomini, mentre le Tre Piccole Luci costituiscono per il neofita la sua prima Lezione sulla conoscenza di se stesso, e gli insegnano che quei principi esistono anche nella sua anima e lo dotano di luci adeguate a plasmarlo nella perfezione e a farlo entrare in armonia con la Legge Cosmica. Nel nascondere le punte del Compasso, al di sotto della Squadra, è sotteso un insegnamento molto importante: lo Spirito (rappresentato dal Compasso) potente ed immortale dell'uomo viene soffocato ed ostacolato, nella sua ampia funzione, dalle inclinazioni contrarie del suo mortale Corpo materiale, rappresentato dalla Squadra. D'ora in poi, questa posizione deve invertirsi. Infatti, se l'uomo deve diventare perfetto ed innalzarsi alla completa altezza e alla notevole possibilità del suo essere, il suo principio spirituale non deve rimanere subordinato alla carnalità e alle sue inclinazioni, ma deve ascendere al di sopra di esse. Al massone viene insegnato di realizzare ciò, e quanto più prevarrà nella sua natura più bassa, tanto più libererà i poteri e le facoltà del suo spirito immortale e si innalzerà alla maestria, cioè al dominio su tutto quello che è carnale e materiale in se stesso.

[31] Prima che abbia luogo l'affidamento dei segreti relativi al Grado, vengono illustrati al Candidato i pericoli in cui si è imbattuto e che sono a lui sconosciuti: gli vengono mostrati la spada/pugnale e la fune con cappio. Questi sono soltanto i simboli visibili di alcuni pericoli personali che accadono a coloro che si avventurano, imprudentemente, sulla strada dell'esperienza spirituale, e sono connessi al suicidio morale richiesto come conseguenza, allorché si ritirano da quella strada, che aveva aperto i loro occhi ad essa. Questi pericoli diventeranno più chiari al neofita dopo considerevole esperienza.

[32] Il simbolo della spada è molto importante. La spada è un'arma sia difensiva che offensiva, usata per proteggerci da un pericolo o per attaccare un nemico. La spada ha un significato soprattutto metaforico che si riferisce alla potenza della parola di Dio. Numerosi sono i riferimenti alla spada nelle Sacre Scritture. "Le sue parole ... sono spade sguainate" (*Libro dei Salmi*, 55:22). "C'è chi parla, parlando senza riflettere, trafigge come spada" (*Libro dei Proverbi*, 12:18). Il Signore "ha reso la mia bocca come spada affilata" (*Libro di*

Isaia, 49:2). "Non sono venuto a mettere pace, ma spada" (Matteo, *Vangelo,* 10:34). "La spada dello spirito ... è la parola di Dio" (Paolo, *Lettera agli Efesini*, 6:17). "La parola di Dio ... è più affilata di qualunque spada a doppio taglio e penetrante fino a dividere l'anima dallo spirito" (Paolo, *Lettera agli Ebrei*, 4:12). "Dalla sua bocca usciva una spada a due tagli, affilata" (Giovanni, *Apocalisse*, 1:16).

La spada dello spirito deve essere utilizzata dall'iniziato nella lotta contro il male che lo circonda ma, soprattutto, contro il male che alberga in lui. La spada, per il suo potere penetrante è un'arma che protegge l'accesso all'importante "Albero della vita". Il toccamento al petto della spada, con la sua punta acuminata, è una specie di investitura per il neofita che, apprestandosi ad affrontare il lungo cammino della conoscenza, lo rende più forte spiritualmente.

[33] Simbolicamente, la fune con cappio può significare umiliazione, sottomissione e atto di fedeltà. Esotericamente rappresenta il "cavo da traino", il biblico "cordone d'argento" (Bibbia, *Ecclesiaste*, 12:8-9). È il legame che tiene unito in vita il corpo fisico al corpo animico. È come il cordone ombelicale che tiene, durante il periodo intrauterino, uniti la madre al figlio.

Ma il pericolo che, tradizionalmente, vi avrebbe atteso fino alla vostra ultima ora, era la pena fisica una volta associata all'Impegno di un Muratore, ossia quella di avere la vostra gola tagliata di traverso, se aveste, impropriamente, rivelato i segreti della Massoneria. La pena completa era quella di avere la gola tagliata di traverso, la lingua strappata dalla radice e sepolta sotto la sabbia, al limite della bassa marea o alla distanza di una gomena dalla riva, dove la marea fluisce e refluisce due volte nelle 24 ore. L'inclusione di una tale pena non è necessaria, poiché l'Impegno che avete assunto è per voi vincolante finché vivrete.

Avendo prestato il Grande e Solenne Impegno di un Muratore, mi è ora permesso farvi sapere che nella Libera Muratoria ci sono diversi gradi e peculiari segreti, relativi ad ognuno di essi. Questi, tuttavia, non vengono comunicati indiscriminatamente, bensì vengono conferiti ai Cand. in base ai loro meriti e capacità. Procederò, dunque, a confidarvi i segreti di questo Grado, ovvero quei segni con i quali ci riconosciamo l'uno con l'altro e ci distinguiamo dal resto del mondo; ma devo premettere, per vostra informazione generale, che tutte le Squadre, le Livelle e le Perpendicolari sono Segni veri e propri, con i quali riconoscere un Muratore. Ci si aspetta, quindi, che assumiate una posizione perfettamente eretta – *(il Cand. esegue)* – con i vostri piedi a forma di squadra – *(il Cand. esegue)* – essendo così il vostro corpo considerato come emblema del vostro spirito, e i vostri piedi della rettitudine delle vostre azioni.[34]

[34] Le istruzioni date al neofita di "stare perfettamente eretto" e i riferimenti alla rettitudine delle azioni contengono una quantità di allusioni alle verità segrete. La posizione verticale, insieme alla parola ed al raziocinio, sono il distintivo dell'uomo, rispetto all'animale. La Natura ha avuto uno scopo nell'innalzare, lentamente, il corpo animale dell'uomo dalla posizione orizzontale a quella verticale, eretta, e nel trasformare le sue passioni ed istinti animali in rettitudine morale ed ha voluto ancor più rivelarlo come conseguenza derivante dalla posizione fisiologica eretta.

"Levati ritto, o Horus, Tu sei, in verità, maestoso e possente! Simile a te, [...] Io sono stato levato, interamente eretto... [...] Ora vieni posto in posizione completamente eretta. (G. Kolpaktchy – D. Piantanida, *Il Libro dei Morti degli antichi egiziani*, Roma, Ed. Atanor, 1979, cap. CLXXXII, pp. 300, 305).
"Pose le mani su di lei (inferma) *e, nello stesso momento, ella fu raddrizzata* (Luca, *Vangelo*, 13:13). Spesso siamo "curvati" verso il basso, per troppe situazioni. Dobbiamo ritrovare la nostra posizione eretta.
"Figlio d'uomo, alzati in piedi, io ti parlerò. Mentre egli mi parlava, lo Spirito entrò in me e mi fece alzare in piedi (Ezechiele, 2:1-2).
Fa parte dell'istruzione e della disciplina degli Iniziati, allorché questi si dedicano alle loro devozioni e meditazioni, adottare una posizione fisicamente eretta, come una colonna, posizione questa che contribuisce al raggiungimento della conoscenza spirituale o "luce". Infatti, tutti i Fratelli che recitano preghiere in Loggia stanno in piedi e, per questa ragione, il neofita viene istruito a "stare perfettamente eretto" nel momento in cui la luce della "parola" gli viene comunicata. Nei tempi passati, per ragioni psicofisiologiche molto comprensibili, una persona deforme o con infermità non era mai accettata come un appropriato ed adatto Candidato all'Iniziazione.

[35] Vengono comunicati ed illustrati i Segreti relativi a questo

trachea – *illustra e si assicura che il Cand. lo imiti* –
Il Segno viene dato tirando velocemente la mano
trasversalmente alla gola e facendola cadere sul
fianco – *illustra e si assicura che il Cand. lo imiti*

MV – Ciò allude alla pena simbolica del grado, che
implicava che, quale uomo d'onore, un Muratore
avrebbe preferito avere la sua gola tagliata di
traverso – *dà il Segno di Pena e si assicura che il
Cand. lo imiti* – piuttosto che rivelare
impropriamente i segreti a lui confidati.[36]

MV – La Stretta o Toccamento si dà – *prende la
mano destra del Cand. e sistema la Stretta mettendo
il pollice del Cand. in posizione prima di posare il
proprio* – con una distinta pressione del pollice

Grado, che consistono in peculiari gesti, che distinguono tutti i
Fratelli appartenenti a questo fondamentale Grado di
Apprendista. Esteriormente, in questo ed anche nei successivi
Gradi, essi sono manifestati da Passi, Segni e Parole. Questi
naturalmente non sono segreti reali ed esaustivi, ma soltanto
emblemi raffigurativi di essi. I Segreti veri e propri sono, così,
costituiti dal loro significato e questo significato è lasciato alla
particolare meditazione del neofita ed al suo adattamento alla
personale pratica giornaliera. In tal modo, li apprenderà
realmente e perverrà alla comprensione del perché sono
chiamati "segreti", e perché si insiste nel loro utilizzo. Essi non
possono essere comunicati oralmente, tranne che in forma
simbolica, ma devono essere appresi con la pratica empirica.
Essi sono indizi del proprio progresso spirituale, piuttosto che
comunicazioni confidenziali di informazione segreta.

[36] Questa è la punizione simbolica che spetta a colui che non
tiene fede all'impegno del silenzio e della segretezza. Tale
punizione prevede la perdita completa della capacità di
parlare. In tal modo, sciupando energie che devono essere
conservate e rafforzate, il neofita può automaticamente
rendere se stesso spiritualmente senza voce.

sulla prima nocca della mano. Questa, quando viene regolarmente data e ricevuta, serve a distinguere un Fratello sia di notte, che di giorno.

Questa Stretta o Toccamento richiede una Parola[37]; una Parola estremamente apprezzata tra i Muratori, a salvaguardia dei loro privilegi. La cautela non sarà, quindi, mai troppa nel comunicarla; essa non va mai data per intero, ma sempre per lettere oppure per sillabe[38]; per mettervi in grado di conoscerla, tuttavia, devo prima dirvi quale sia questa parola:

[37] Riguardo alla Parola comunicata al Candidato, il suo significato è "In solidità"; una versione migliore sarebbe Potere, Energia, Ardore. Si allude all'energia e all'ardore con cui il Candidato dovrebbe proseguire il suo lavoro di perfezionamento di se stesso, che è stato appena intrapreso; la Parola gli è stata comunicata perché il vivo desiderio e l'energia verificheranno uno dei segreti–chiave del suo riuscito progresso. Ogni lavoro creativo si fonda su due forze interagenti, attivo e passivo, energia e resistenza, lavoro e riposo (nella Creazione, Dio prima lavorò, poi si riposò). La Cerimonia ci ricorda che queste due forze erano rappresentate, nella parte anteriore del Tempio simbolico di Salomone, da due "colonne", cioè i principi di fondazione. E sono questi due principi, attività e contemplazione, che il Candidato deve imparare ad applicare a se stesso nella ricostruzione del Tempio personale.

[38] Tale espressione è stata utilizzata la prima volta da Clemente Alessandrino, fondatore della scuola gnostica cristiana, relativamente alle Sacre Scritture che possono essere lette, sia in senso letterale (per lettera) che traslato (per sillaba). Inoltre, la pratica di spezzare o di pronunciare lettera per lettera la parola non è adottata solamente per ragioni precauzionali o per mostrare che si condividono i "segreti" ad essa relativi, con altri Fratelli, ma viene adottata come una sorta di pro-memoria molto istruttivo ed elegante.

essa è B..Z

2°D *ripete la Parola ad alta voce e si assicura che il Cand. la ripeta ad alta voce dopo di lui*

MV *dà la Parola lettera per lettera*

2°D *ripete la Parola, per lettere, ad alta voce, e si assicura che il Cand. ripeta, ad alta voce dopo di lui*

MV *mantenendo la Stretta* – Poiché, nel corso della cerimonia tale parola sarà richiesta, il 2°D vi detterà ora le risposte da dare. Che cosa è questo?

2°D *suggerendo ad alta voce al Cand.* – La Stretta o Toccamento di un AALM *(il Cand. ripete)*

MV – Che cosa richiede?

2°D *suggerendo ad alta voce al Cand.* – Una Parola *(il Cand. ripete)*

MV – Datemi quella Parola.

2°D *suggerisce la risposta al Cand. ad alta voce e rapidamente, per evitare che egli dia la parola per intero* – Alla mia iniziazione, fui istruito ad essere cauto, la pronuncerò lettera per lettera o dimezzandola con voi – *(il Cand. ripete)*

MV – Come volete, cominciate pure.

(A questo punto la Parola viene data dimezzandola)

2°D *dà la prima metà (il Cand. ripete)*

MV *dà la seconda metà*

2°D *dà la parola per intero (Il Cand. ripete)*

MV – Questa parola deriva dalla colonna di sinistra del portico o ingresso del Tempio di Re Salomone, che prese il nome da B..Z, Proavo di David, un Principe e Reggente in Israele. Il significato della parola è: In SOL.D.T. Passate B..Z *(Pone la mano destro del Cand. nella mano sinistra del 2°D e si siede)*

2°D *si gira a destra, controllando il Cand. tenendogli la mano destra, riguadagna il pavimento della Loggia e si gira a sinistra; suggerisce sottovoce al Cand. di partire con piede sinistro; passa davanti al piedistallo del MV fino all'angolo SE, che viene 'squadrato'; quindi conduce il Cand. al lato E del piedistallo del 2°S, dove entrambi si fermano in posizione parallela al piedistallo e a una distanza conveniente. Lascia la mano del Cand.*

2°D *posa l'estremità dell'asta sul pavimento, appoggiando la parte alta alla propria spalla destra; Passo e Segno di AA* – Fr. 2°S[39], vi presento il Fr. ... alla sua iniziazione - *completa il Segno e riprende*

2°S – Prego il Fr. ... di avanzare verso di me come un Muratore.

2°D *istruisce a bassa voce il Cand. a formare il Ps, a dare e completare il Sn di AA, assicurandosi che il Cand. esegua appropriatamente*

2°S – Avete qualcosa da comunicare?

2°D *suggerendo ad alta voce al Cand.* – Sì, ce l'ho - *il Cand. ripete*

2°S *si alza, rivolto verso il Cand., forma il Passo e gli porge la mano destra*

2°D *pone la mano destra del Cand. in quella del 2°S, aggiustando la Stretta da sopra, con la mano sinistra*

2°S *dà la stretta, dopo che il 2°D ha sistemato il pollice destro del Cand., mantenendo la presa durante l'intero colloquio* – Che cos'è questo?

2°D *suggerendo ad alta voce al Cand.* – La Stretta o Toccamento di un AALM *(il Cand. ripete)*

2°S – Che cosa richiede?

2°D *suggerendo ad alta voce al Cand.* – Una Parola *(il Cand. ripete)*

2°S – Datemi quella Parola.

2°D *suggerendo ad alta voce al Cand. (rapidamente e, se necessario, per frasi)* – Alla mia iniziazione, fui istruito ad essere cauto; la pronuncerò lettera per lettera o dimezzandola con voi *(il Cand. ripete)*

[39] Il Candidato viene sottoposto ad una prova con i Sorveglianti, relativa alla sua capacità di ricordare e di rispondere a ciò che gli è stato già comunicato. Ciò, non solo, perpetua la pratica degli Antichi Misteri, ma è in completo accordo con le Sacre Scritture e con l'esperienza spirituale. Nessuno può accedere alla conoscenza o al potere o alla ricchezza materiale, senza essere, subito dopo, sottoposto ad una prova, per accertare le modalità del suo utilizzo, se è capace o degno di conservarla o ricordarla, se ha e se avrà, ancor di più, fatto passi in avanti. Basta ricordare a quale severa prova fu sottoposto Giobbe, dopo l'acquisizione di una grande ricchezza, e rammentare "la tentazione" o le prove cui nei Vangeli fu sottoposto Gesù, dopo l'acquisizione della luce spirituale nel battesimo del Giordano.

2°S – Come volete, e cominciate pure.
(Al piedistallo del 2°S, la Parola viene prima data lettera per lettera, poi dimezzata)
2°D *dà la prima lettera ad alta voce (il Cand. ripete)*
2°S *dà la seconda lettera*
2°D *dà la terza lettera (il Cand. ripete)*
2°S *dà la quarta lettera*
2°D *dà la prima metà (il Cand. ripete).*
2°S *dà la seconda metà*
2°D *dà l'intera parola (il Cand. ripete)*
2°S – Passate B..Z - *pone la mano destra del Cand. nella mano sinistra del 2°D e si siede*
2°D *conduce il Cand., passando per l'angolo SO della Loggia, che viene 'squadrato' come in precedenza, fino al lato S del piedistallo del 1°S; sia il Cand. che il 2°D sono rivolti verso N in posizione parallela al piedistallo del 1°S e a una distanza conveniente da esso. Lascia la mano.*
2°D *posa la base dell'asta sul pavimento e ne sorregge la parte alta con la propria spalla destra; Passo e Segno di AA* – Fr. 1°S, vi presento il Fr. ... alla sua iniziazione – *completa il Segno e riprende l'asta con la mano destra*
1°S – Prego il Fr.... di avanzare verso di me come un Muratore.
2°D *istruisce sottovoce il Cand. a formare solamente il Passo, e si assicura che non dia il Segno in questa fase*
1°S – Che cos'è quello?
2°D *suggerendo ad alta voce al Cand.* – Il primo passo regolare nella Libera Muratoria *(il Cand. ripete)*
1°S – Portate qualcos'altro?
2°D *suggerendo ad alta voce al Cand.* – Sì, lo porto *(il Cand. ripete)*
2°D *istruisce il Cand. a dare e completare il Segno di AALM*
1°S – Che cosa è quello?
2°D *suggerendo ad alta voce al Cand.* – Il Segno di un AALM *(il Cand. ripete)*
1°S – A che cosa allude?
2°D *suggerendo ad alta voce al Cand. e con frasi appropriate (il Cand. ripete)* – Alla pena simbolica del grado, che implicava che, quale uomo d'onore, un Muratore avrebbe preferito avere la sua gola tagliata di traverso – *quando il Cand. dice "la sua*

gola tagliata di traverso" gli suggerisce di dare il *Segno e completarlo* – piuttosto che svelare impropriamente i segreti a lui confidati.

1°S – Avete qualcosa da comunicare?

2°D *suggerendo da alta voce al Cand.* – Sì, ce l'ho *(il Cand. ripete)*

1°S *si alza, rivolto verso il Cand., forma il Passo e porge la mano destra*

2°D *mette la mano destra del Cand. nella mano destra del 1°S e con la mano sinistra aggiusta le dita da sopra*

1°S *dopo che il 2°D ha sistemato le dita del Cand., dà il Toccamento, trattenendolo durante il resto del colloquio* – Che cosa è questo?

2°D *suggerendo da alta voce al Cand.* – La Stretta o Toccamento di un AALM *(il Cand. ripete)*

1°S – Che cosa richiede?

2°D *suggerendo ad alta voce al Cand.* – Una Parola *(il Cand. ripete)*

1°S – Datemi quella Parola

2°D *suggerendo ad alta voce al Cand. (rapidamente e, se necessario, per frasi)* Alla mia iniziazione, fui istruito ad essere cauto; la pronuncerò lettera per lettera o dimezzandola con voi *(il Cand. ripete)*

1°S – Come volete, cominciate pure. *(Qui la Parola viene data dimezzandola)*

2°D *dà, ad alta voce, la prima metà (il Cand. ripete)*

1°S *dà la seconda metà*

2°D *dà la parola per intero (il Cand. ripete)*

1°S – Da dove deriva questa Parola?

2°D *suggerendo ad alta voce al Cand. e, se necessario, per frasi* – Dalla colonna di sinistra del portico o ingresso del Tempio di Re Salomone, che prese il nome da B..Z, Proavo di David, un Principe e Reggente in Israele *(il Cand. ripete per frasi)*

1°S – Qual è il significato della Parola?

2°D *suggerendo ad alta voce al Cand.* – In SOL.D.T. *(il Cand. ripete).*

1°S – Passate B..Z *pone la mano destra del Cand. nella mano sinistra del 2°D e resta in piedi*

2°D *prende il Cand. per la mano destra e lo guida al lato N del piedistallo del 1°S, passandogli davanti; quindi compie un giro in senso anti-orario, pone la mano destra del Cand. nella mano sinistra del 1°S e allineandosi alla sinistra del Cand., si assicura che entrambi siano rivolti a E*

1°S *alza la mano destra del Cand., Passo e Segno di*

[40] Il Maestro Venerabile, dopo essere stato informato dal Primo Sorvegliante sul progresso compiuto nella Scienza, impartisce la disposizione di investirlo immediatamente. Dietro questa investitura si cela un'importante verità; ogni stato spirituale, attraverso cui passa l'anima dell'uomo, è accompagnato da un'appropriata forma corporea. La sua forma è quella di un triangolo equilatero sovrapposto ad un quadrato i cui lati sono pure uguali. Il Triangolo è l'emblema antico ed universale di ciò che è Spirituale e senza Forma, mentre il Quadrato lo è di quello Materiale ed ha Forma. Poiché la natura umana è composta da ambedue, il Grembiule è la rappresentazione dell'uomo stesso. Il Grembiule è, inoltre, costituito simbolicamente da pelle di agnello bianca: è, perciò, un emblema di purezza e di innocenza. Se si aggiungono i tre lati del Triangolo ai quattro del Quadrato, di lati se ne hanno sette, numero che rappresenta la compiutezza della natura, corrispondente ai sette colori dello spettro, alle sette note della scala musicale ed ai sette giorni della settimana. Se si moltiplicano tra di loro (3x4), si ottiene

2°D *prende la mano destra del Cand. dal 1° S e si posiziona alla destra del Cand. , entrambi rivolti a E, quindi lascia la mano*

MV – Consentitemi di aggiungere alle osservazioni del 1°S, che non dovrete mai indossare quella insegna se vi accingete a visitare una Loggia nella quale si trova un Fratello con il quale vi trovate in disaccordo o verso il quale nutrite sentimenti di animosità. In tali casi, ci si aspetta da voi che lo chiamiate in disparte al fine di comporre amichevolmente le vostre divergenze; felicemente appianate le quali, potrete quindi indossare le vostre insegne ed entrare in Loggia e lavorare con quell'amore e quell'armonia che devono distinguere, in ogni momento, i Liberi Muratori. Ma se, sfortunatamente, le vostre divergenze fossero tali da non potersi così facilmente appianare, sarà meglio che uno di voi, o entrambi, vi ritiriate, piuttosto che l'armonia della Loggia debba essere disturbata dalla vostra presenza.

MV – Fr. 2°D, conducete il nostro nuovo Fratello nell'angolo NE[41] della Loggia.

dodici, il numero cosmico che comprende i dodici Segni Zodiacali, attraverso i quali si muove il nostro sistema solare, che si riflettono nelle dodici Tribù d'Israele e nei dodici Apostoli.

[41] Vestito massonicamente, il Candidato viene poi collocato nell'angolo NE della Loggia. L'angolo di NE è un punto di notevole importanza simbolica. E' il luogo di incontro del Nord con l'Est, dell'Oscurità con la Luce e, perciò, è rappresentativo della condizione propria del Candidato. Posto in questo punto, egli può, d'ora in avanti, a suo piacimento, fare un passo in avanti verso Est o un passo indietro verso Nord, ulteriore avanzamento verso la Luce o ricaduta nell'Oscurità; spetterà a lui decidere quale direzione dovrà prendere la sua vita. Gli viene, tuttavia, ordinato di fare della sua presente condizione

2°D *prende la mano destra del Cand. e lo guida, passando per il N, all'angolo NE della Loggia; entrambi sono rivolti verso S; il 2°D lascia libera la mano* – Piede sinistro di traverso alla Loggia, piede destro lungo la Loggia; prestate attenzione al MV – *si assicura che il Cand. formi una squadra con i piedi*

MV - E' consueto, quando si erigono imponenti e superbi edifici, posare la prima pietra, o pietra di fondazione, nell'angolo a NE della costruzione. Voi, che siete stato appena ammesso nella Muratoria, siete posto nel punto a NE della Loggia per rappresentare simbolicamente quella pietra, e dalle fondamenta poste questa sera possiate voi innalzare una sovrastruttura perfetta nelle sue parti e che faccia onore al costruttore. Voi vi ponete adesso, in tutte le sembianze esteriori, come un giusto e retto Muratore e io vi raccomando caldamente di continuare a comportarvi sempre come tale. Anzi procederò a mettere subito alla prova in qualche misura i vostri principi, invitandovi ad esercitare quella virtù che può essere giustamente denominata la caratteristica distintiva del cuore di un Libero Muratore – intendo dire la Carità.[42] Non occorre qui

la base della rinnovata attività spirituale e di considerare la sua persona tanto "una pietra di fondazione", ora ben collocata, quanto il materiale per innalzarvi sopra una "sovrastruttura". Con questa espressione si indica qualcosa che è molto di più della semplice "casa da costruire", come spesso si pensa che stia a significare. Che cosa venga indicato può, forse, essere desunto, facendo riferimento a qualcuno dei più antichi rituali massonici in cui, invece di sovrastruttura, al Candidato viene detto di costruire "un castello in aria", una espressione che, lontana dal significato di qualcosa di fantastico ed immaginario, fa riferimento al corpo etereo, spirituale, immateriale, una "casa" non fatta con le mani, né soggetta all'usura (come il suo corpo temporale), ma eterna nei cieli.

[42] Fede, Speranza e Carità sono le tre virtù teologali, cioè,

dilungarsi sui suoi pregi, senza dubbio è stata spesso da voi sentita e praticata. Basti dire che essa ha l'approvazione del Cielo e della Terra e, come sua sorella, la Misericordia, benedice colui che dà, così come colui che riceve.

In una società così ampiamente estesa quanto la Libera Muratoria, le cui diramazioni si estendono sui quattro quarti del globo, non si può negare che vi siano molti membri di rango elevato e di notevole ricchezza, né si può nascondere che, fra le migliaia che si schierano sotto i suoi stendardi, ve ne siano di quelli che, forse per le circostanze di un'inevitabile calamità o di disgrazia, sono ridotti all'estremo livello di povertà e di sofferenza. Per loro conto, è nostra consuetudine risvegliare i sentimenti di ogni nuovo Fratello, con un appello alla sua carità, per quanto le

quelle che hanno per oggetto Dio. La più importante delle tre è la Carità (cfr. Paolo, *Prima Lettera ai Corinti*, 13:1-13) che unisce l'uomo a Dio con vincoli di amicizia, identificando i movimenti della nostra volontà con i suoi. La prova della Carità viene, qui, presentata come un mero atto filantropico; tuttavia è necessario ricordare che il Rituale è completamente velato e nasconde molte verità molto più profonde di quelle che sembrano indicare in apparenza le sue parole. Il Vangelo di Giovanni è scritto in lingua greca ed il vocabolo italiano "carità" traduce quello greco di χάρις (xaris) che significa affetto, amore, così come il vocabolo latino *caritas*. Giovanni afferma che Dio è Amore e chi sta nell'Amore sta in Dio e Dio in lui (cfr. Giovanni, *Prima Lettera*, 4:7-16). Giovanni non si limita all'agire divino, ma procede fino alle sue radici; il vero Amore non è mai speculativo, ma è riferimento diretto, concreto e verificabile a persona reale. L'Amore dell'agire divino si manifesta come Misericordia. Amore e Misericordia sono come Giovanni Battista e Giovanni Evangelista, come Giano bifronte. La Carità, che viene richiesta nel Rituale e nella vita futura del neofita, sarebbe meglio interpretata con la parola "compassione" universale e sentimento solidale con tutte le creature viventi.

sue condizioni di vita possano equamente garantire. Pertanto, quel che vi sentite disposto a dare, lo depositerete presso il 2°D: esso sarà ricevuto con riconoscenza ed accuratamente distribuito.

2°D *si porta davanti al MV e di fronte al Cand., al quale tende la mano sinistra (oppure il vassoio per le elemosine se gliene è stato passato uno)*

2°D - Avete qualcosa da dare per la causa della Carità?

Cand. - ...

2°D *abbassa la mano, o il vassoio delle elemosine, e se il Cand. non risponde prontamente, continua con la seconda domanda* – Foste dunque privato di tutti gli oggetti di valore, prima di entrare nella Loggia?

Cand. *risponde affermativamente*

2°D – Se non foste stato così privato, avreste donato generosamente?

Cand. *risponde affermativamente*

2°D *si volta a destra di fronte al MV, posa la parte inferiore dell'asta sul pavimento, con la parte alta appoggiata sulla spalla destra, Passo e Segno di AA.* – MV, il nostro nuovo Fratello dichiara di essere stato privato di tutti gli oggetti di valore, prima di entrare nella Loggia, altrimenti avrebbe donato generosamente – *completa il Segno e riprende posizione alla destra del Cand.*

MV – Mi congratulo con voi per gli onorevoli sentimenti dai quali siete mosso; allo stesso modo prendo atto della incapacità che in questa occorrenza vi impedisce di soddisfarli. Credetemi, questa prova non è stata fatta per prenderci gioco dei vostri sentimenti, lungi da noi una simile intenzione. Questa prova è stata fatta per tre ragioni speciali: la prima, come ho già premesso, per mettere alla prova i vostri principi; la seconda, per dimostrare ai Fratelli che non avevate con voi né denaro, né materiali metallici, altrimenti la cerimonia, pur giunta fino a questo punto, si sarebbe dovuta ripetere; la terza, quale monito al vostro cuore: qualora doveste incontrare, in futuro, un Fratello in condizioni bisognose che richiedesse la vostra assistenza, vi ricorderete il momento particolare in cui foste ricevuto nella Massoneria, povero e privo di mezzi, e accetterete con gioia l'occasione per praticare quella virtù che avete dichiarato di ammirare.

IEM *prepara gli Attrezzi da Lavoro sul piedistallo del*

MV – Vi presento ora gli Attrezzi da Lavoro di un AALM.

Essi sono: il **Regolo da 24 pollici**, il comune **Maglietto** e lo **Scalpello** – *indica gli Attrezzi da Lavoro a mano a mano che li nomina* – Il Regolo da 24 pollici per misurare il nostro lavoro; il comune Maglietto per smussare tutte le asperità e le protuberanze superflue, mentre lo Scalpello per levigare ulteriormente e preparare la pietra, per renderla adatta alle mani dell'operaio più esperto. Ma poiché non siamo tutti Muratori operativi, ma piuttosto liberi ed accettati, o speculativi, noi applichiamo questi attrezzi alla nostra morale. In questo senso, il **Regolo da 24 pollici** [43] rappresenta le 24 ore del giorno, parte delle quali devono essere dedicate a pregare Dio Onnipotente, parte al lavoro e al riposo, e parte al servizio di un amico o un Fratello bisognoso, senza detrimento per noi stessi o per i nostri congiunti. Il comune **Maglietto** rappresenta la forza della coscienza, che dovrebbe soggiogare tutti i pensieri inutili e indecorosi che potessero sorgere durante alcuno dei suddetti periodi, affinché le nostre parole e le nostre azioni possano ascendere, incontaminate, al Trono della Grazia. Lo **Scalpello** indica i pregi dell'istruzione, la

[43] Il Regolo di 24 pollici ha una sua triplice applicazione. Stabilisce la quantità di tempo necessario per l'adempimento di tre distinti doveri, che, non necessariamente, richiedono un egual consumo di tempo, ma doveri che hanno ciascuno eguale valore. Infonde un dovere nei confronti di Dio, un dovere verso se stesso, che richiede la dovuta attenzione agli svaghi materiali e alla cura della propria persona, ed un dovere verso quelli che versano in una situazione meno felice della nostra (Dio, sé stesso ed il prossimo). Come il Candidato progredisce, apprenderà gli attrezzi da lavoro dei successivi gradi, ma non sarà in grado di utilizzarli, finché non ha abituato sé stesso a quelli del Primo Grado.

quale, sola, può renderci degni di una Società regolarmente organizzata.

MV – Poiché nel corso della serata vi saranno chieste delle quote stabilite per la vostra iniziazione, è giusto che voi sappiate in virtù di quale autorità noi agiamo. Questa è la Bolla o Carta di Fondazione rilasciata dalla Gran Loggia …………. – *apre e mostra la Bolla di Fondazione al Cand.* – che è a disposizione per un vostro controllo questa sera o in qualunque altra sera futura. Questo è il Libro della Costituzione e dei Regolamenti della Gran Loggia ………… – *ne consegna una copia al Cand.* – e questi sono i Regolamenti interni di questa Loggia – *ne consegna una copia al Cand.* – entrambi i quali raccomando a una vostra seria e attenta lettura, poiché l'uno vi istruirà sui doveri che avete verso l'Ordine in generale, e l'altro su quelli che avete verso questa Loggia in particolare.

Siete ora libero di ritirarvi per rimettervi a vostro agio e, al vostro ritorno in Loggia, richiamerò la vostra attenzione su una Esortazione basata sui pregi della Istituzione e sulle qualifiche dei suoi membri.

2°D *prende il Cand. per la mano destra e lo fa girare, in senso antiorario, in modo che entrambi siano rivolti verso O, quindi, senza squadrare la Loggia, lo conduce direttamente al lato N del piedistallo del 1°S. Qui fa girare il Cand. in senso orario in modo da essere entrambi rivolti verso E, si ferma e lascia la mano*

2°D *al Cand. ad alta voce* – Salutate il MV come un Muratore – *istruisce sottovoce il Cand. a formare il Passo, a dare il Segno di AA e a completarlo, e si assicura che il Cand. esegua*

2°D *prende il Cand. per la mano destra, compie un giro in senso antiorario e lo conduce alla porta*

GI *va alla porta davanti al 2°D e la apre chiudendola di nuovo a chiave dopo che il Cand. è uscito*

2°D e **GI** *riprendono il proprio posto*

Fuori della Loggia il Cand. si riveste normalmente, con il grembiule di AA. Quando è pronto, il **C** *dà i colpi da AA alla porta della Loggia*

GI *si alza davanti al proprio posto, Passo e Segno di AA* – Fr. 2°S, c'è una comunicazione – *mantiene il Segno*

2°S *da seduto, un*

GI *completa il Segno, va alla porta, l'apre e guarda*

C - Il Cand. al suo ritorno.

GI *non risponde, chiude la porta a chiave, torna davanti al suo posto; Passo e il Segno di AA che mantiene* – MV, il Cand. al suo ritorno.

MV – Ammettetelo.

GI *completa il Segno, attende l'arrivo del 2°D e va alla porta.*

2°D *segue il GI alla porta*

GI *apre la porta e ammette il Cand.*

2°D *riceve il Cand. e lo guida, tenendolo per la mano destra, al lato N del piedistallo del 1°S, entrambi sono rivolti verso E*

GI *quando il 2°D ha ricevuto il Cand., chiude a chiave la porta, ritorna al suo posto e si siede*

2°D *al Cand* - Salutate il MV come un Muratore – *istruisce il Cand. se necessario e si assicura che questi formi il Passo, dia il Segno di AA e lo completi; entrambi restano in piedi, tenendo le mani lungo i fianchi al lato N del piedistallo del 1°S mentre viene pronunciato il Dovere.*

DOVERE DOPO L'INIZIAZIONE

Fr. ... poiché avete attraversato tutta la cerimonia della vostra iniziazione, permettete che io mi congratuli con voi per essere stato ammesso quale membro della nostra antica e onorevole istituzione. Antica lo è senza dubbio, esistendo da tempo immemorabile, e onorevole deve essere riconosciuta, poiché, per una inclinazione naturale, contribuisce a rendere tali coloro che sono obbedienti ai suoi principi. In effetti, nessuna istituzione può vantare fondamenta più solide di quelle sulle quali si poggia la Libera Muratoria: la pratica di ogni virtù morale e sociale. E la sua reputazione è progredita ad una eccellenza così elevata che, in ogni epoca, gli stessi re sono stati promotori dell'arte, non hanno stimato degradante per il loro rango scambiare lo scettro con la cazzuola, hanno protetto i nostri misteri e hanno partecipato alle nostre riunioni.

Come Libero Muratore, lasciatemi raccomandare alla vostra più seria meditazione il Volume della Legge Sacra imponendovi di considerarlo come l'infallibile modello di verità e di giustizia e di regolare le vostre azioni in base ai precetti divini che esso contiene. Lì, vi verranno insegnati gli importanti doveri che avete verso Dio, verso il vostro prossimo e verso voi stesso. Verso Dio, mai pronunciando il Suo nome se non con quel timore e quella venerazione che la creatura deve avere verso il proprio Creatore, implorando il Suo aiuto in tutte le vostre legittime iniziative e alzando il vostro sguardo a Lui in ogni vostra emergenza, per consolazione e sostegno. Verso il vostro prossimo, agendo nei suoi confronti sulla squadra, rendendogli ogni cortese servizio che giustizia o misericordia potrebbero richiedere; alleviando le sue necessità e dando sollievo alle sue sofferenze, e comportandovi con lui, così come, in casi simili, vorreste che lui si comportasse nei vostri confronti. E verso voi stesso, usando una prudente e regolata linea di comportamento, tale da portarvi al meglio alla conservazione delle vostre facoltà fisiche e mentali nella pienezza delle loro energie, così consentendovi di esercitare le capacità con le quali

Dio vi ha benedetto, così alla Sua gloria come per il bene dei vostri simili.

Come cittadino del mondo, vi esorto ad essere esemplare nell'adempimento dei vostri doveri civili, mai proponendo o appoggiando una qualsiasi azione tesa a sovvertire la pace e il buon ordine della società, prestando la dovuta obbedienza alle leggi di ogni Stato che dovesse, per un periodo, divenire il luogo della vostra residenza o offrirvi la sua protezione e, soprattutto non perdendo mai di vista la fedeltà che da voi è dovuta al Capo della vostra terra natia, ricordando sempre che la natura infuse nel vostro cuore un attaccamento sacro e indissolubile verso il paese che vi diede i natali e che nutrì la vostra infanzia.

Come persona, lasciatemi raccomandare la pratica di tutte le virtù domestiche, così come di quelle pubbliche: che la Prudenza[44] vi diriga, che la

[44] Le virtù soprannaturali vengono comunemente chiamate "virtù infuse" e questo appellativo ne indica la loro origine divina. Sarebbe, senz'altro, giusto chiamare "virtù infuse" qualunque virtù immediatamente data da Dio, anche se è possibile acquisire tale virtù con mezzi naturali. Poiché, dunque, le virtù infuse non trovano la loro causa nel soggetto che ne gode, non essendo compiute da lui e da qualcosa che sia in lui, esse, con la grazia da cui derivano, sono definite nelle Scritture come effetto di una "creazione", come una nuova creatura. Come le virtù naturali, esse possono accrescersi, ma anche tale incremento è opera diretta di Dio. La virtù soprannaturale è quella che Dio effettua in noi senza il nostro aiuto; esse si perdono con una successione di atti contrari o lasciando trascorrere molto tempo senza praticarle. Le virtù soprannaturali si perdono con un solo atto contrario alla virtù, con un peccato mortale. Sono, dunque, virtù soprannaturali tutte quelle virtù che occorrono alla produzione di atti che siano tali da condurre a Dio. Esse possono avere come obiettivi tanto Dio stesso, o qualcosa intimamente connessa con lui, quanto i mezzi per avvicinarsi a

Temperanza vi contenga, che la Forza d'animo vi sostenga e che la Giustizia sia la guida di ogni vostra azione. Siate particolarmente attento a conservare nel loro pieno splendore quei veri ornamenti massonici che sono stati già ampiamente illustrati - la Benevolenza e la Carità.

Ancora, come Libero Muratore, ci sono altri pregi del carattere verso i quali possa essere la vostra attenzione diretta particolarmente e con forza: tra i più importanti di questi vi sono la Discrezione, la Fedeltà e l'Obbedienza. La Discrezione consiste in una fedeltà inviolabile all'impegno che voi avete assunto di non rivelare mai impropriamente alcuno di quei segreti Massonici che sono stati ora o che in qualsiasi momento futuro possano essere affidati alla vostra custodia e ad evitare con prudenza qualsiasi occasione che potesse inavvertitamente portarvi a violarli. La vostra Fedeltà deve essere attestata dalla stretta osservanza delle Costituzioni della fratellanza aderendo agli antichi Landmarks dell'Ordine, non cercando mai di estorcere o altrimenti ottenere indebitamente i segreti di un grado superiore, e astenendovi dal consigliare a chiunque la partecipazione dei nostri segreti, a meno che voi possediate forti ragioni per credere che con una fedeltà analoga, questi alla fine porterà onore alla vostra scelta. La vostra Obbedienza sarà messa alla prova con la stretta osservanza delle nostre leggi e regolamenti, con puntuale attenzione ad ogni segnale o convocazione, con un comportamento in Loggia moderato e corretto, astenendovi da qualsiasi argomento di discussione di politica o di religione, accettando di buon grado tutte le votazioni e le risoluzioni sancite debitamente dalla maggioranza dei Fratelli e con una assoluta

lui. Nel primo caso, dato che si occupano di Dio direttamente, si chiamano virtù teologali; nel secondo caso, dato che la loro immediata preoccupazione riguarda la condotta pratica, si chiamano virtù morali. Le virtù teologali sono tre: Fede, Speranza e Carità. Le virtù morali sono molte, ma vengono raggruppate intorno alle quattro virtù cardinali: Prudenza, Giustizia, Fortezza e Temperanza.

sottomissione al Maestro Venerabile e ai suoi Sorveglianti, mentre agiscono nell'adempimento dei loro rispettivi incarichi.

E come ultima raccomandazione generale, vi esorto a dedicarvi ad ogni ricerca che possa fare di voi allo stesso tempo un uomo rispettabile nella vita, utile ai suoi simili e lustro della società di cui oggi siete diventato membro; a studiare particolarmente, tra le Scienze e le Arti liberali, quelle che possano rientrare nell'estensione del compasso delle vostre capacità, e, senza trascurare i normali doveri della vostra condizione sociale, a sforzarvi di compiere un avanzamento quotidiano nella conoscenza Massonica.

Dalla lodevole attenzione che sembrate aver prestato a questa esortazione, sono indotto a sperare che apprezzerete debitamente il valore della Libera Muratoria e che imprimerete indelebilmente sul vostro cuore i sacri dettami della Verità, dell'Onore e della Virtù.

2°D *conduce il Cand. ad una sedia immediatamente accanto al 1°D e riprende il proprio posto.*

CHIUSURA DELLA LOGGIA

MV 

1°S

2°S

MV – Fratelli, mi alzo – *si alza* – per la prima (*oppure* seconda, *o* terza) volta per chiedere se qualche Fratello ha qualcosa da proporre per il bene della Libera Muratoria in generale o di questa Loggia ..... (*nome della Loggia*), in particolare[45].

Quando tutti i lavori amministrativi in terza alzata sono stati completati:

MV 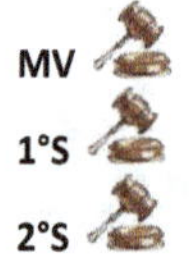

1°S

2°S

MV – Fratelli, assistetemi a chiudere la Loggia.
TUTTI *si alzano se non già in piedi.*
MV – Fr. 2°S, qual' è il dovere costante di ogni Muratore?
2°S – Verificare che la Loggia sia strettamente coperta[46].
MV – Fate compiere quel dovere.

[45] Ogni Loggia è libera di decidere l'ordine dei lavori amministrativi che intende espletare nelle varie alzate, tuttavia è consuetudine che:

- alla prima alzata vengano date comunicazioni concernenti la Gran Loggia;
- alla seconda alzata le comunicazioni che riguardano la Gran Loggia Regionale;
- alla terza alzata le comunicazioni relative alla Loggia stessa (giustificazioni di assenze dei FF., proposte di ammissione, comunicazioni di ordine generale).

[46] Letteralmente vuol significare che la Loggia deve essere

rigorosamente custodita, presidiata, piantonata, protetta. L'addetto alla sua protezione è il Copritore Esterno (ingl. *Tyler*), che si trova fuori della porta (lat. *ianua*) della Loggia, al limite, al confine (lat. *limes*) tra lo spazio profano e lo spazio sacro, armato di spada sguainata, come un soldato (lat. *miles*). La porta è l'unico punto scoperto della Loggia e, pertanto, deve essere rigorosamente protetta (o, come si dice, coperta). Il gioiello del Copritore esterno, nel rituale *Emulation*, è rappresentato da una spada verticale con la punta in basso. È l'unico in Loggia ad impugnare una spada. Nella Massoneria di rito scozzese è il Fr. Primo Esperto che ha per gioiello una spada. I compiti del Primo Esperto sono parzialmente assimilabili a quelli del Copritore Esterno, nell'*Emulation*, con una differenza fondamentale che è quella del posto. Il Primo Esperto è situato all'interno della Loggia, mentre il Copritore Esterno è all'esterno. Nell'*Emulation*, il Copritore interno (ingl. *Inner Guard*) o Guardia Interna, ha per gioiello due spade a croce di S. Andrea con le punte in basso, mentre, nel rituale scozzese, il gioiello del Copritore Interno è costituito da tre chiavi incrociate, ed impugna una spada sguainata, pur stando all'interno della Loggia. Nonostante la confusione di ruoli, si può dire che il Tempio viene chiuso ermeticamente dal Copritore Esterno e dal Copritore Interno. Il CE inibisce agli estranei di entrare. Il CI inibisce ai partecipanti ai lavori di uscire.

Se consideriamo il Tempio come il nostro Tempio interiore,

MV – Fr. 1°S, qual è il secondo dovere?

1°S – Assicurarsi che i FF. si presentino all'ordine come Muratori.

MV – All'ordine, Fratelli, nel Primo Grado.

TUTTI *formano il Passo con il Segno di AALM.*

MV – Fr. 1°S, dov'è il vostro posto costante nella Loggia?

1°S – Ad O.

MV – Perché siete posto là?

1°S – Come il Sole tramonta ad O per chiudere il giorno, così il 1°S è situato ad O per chiudere la Loggia su comando del MV, dopo essersi assicurato che ogni Fratello abbia avuto ciò che gli è dovuto.

CAPP. (o **MV**) – Fratelli, prima di chiudere la Loggia, esprimiamo, con tutta riverenza ed umiltà, la nostra gratitudine al Grande Architetto dell'Universo per i favori già ricevuti; possa Egli continuare a preservare l'Ordine, cementandolo ed adornandolo con ogni virtù morale e sociale.

TUTTI – E così sia.

MV – Fr. 1°S, essendo i lavori della serata terminati,

avete il mio comando di chiudere la Loggia -

 *(con la mano sinistra).*

1°S – Fratelli, in nome del Grande Architetto dell'Universo e per comando del MV, io chiudo

(**TUTTI** *completano il segno*) la Loggia -

e abbassa la Colonna.

2°S – Ed è, conseguentemente, chiusa sino al giorno ....., salvo emergenze, delle quali ogni Fratello avrà debita notizia (*o della quale sarà data debita notizia*). *e alza la Colonna.*

2°D *si occupa della Tavola da Tracciamento, che copre non appena il 2°S ha dato i colpi.*

dobbiamo fare in modo di allontanare da noi gli "estranei", cioè tutte le influenze esterne che sono di ostacolo alla nostra realizzazione, e fare in modo che le nostre energie interiori non si disperdano, anzi, si accrescano, facilitando, così, il nostro progresso spirituale. Ché, poi, è lo scopo ed il significato dell'essere Massoni.

IEM – Fratelli, secondo l'antico costume, ora non ci rimane altro che racchiudere i nostri Segreti[47] in un luogo sicuro, unendoci nell'atto di: F, F, F.

[47] Nella Massoneria operativa, i segreti dell'arte delle costruzioni erano tutelati da precise leggi e non potevano essere divulgati, a scanso di gravi sanzioni per gli inadempienti. Per l'attuale Massoneria speculativa, il significato del "segreto"(*secretum* dal latino *secernere*) è da intendersi quello della via iniziatica che, essendo individuale e strettamente personale, è inesprimibile ed incomunicabile.

[48] In molte Logge viene cantato un inno di chiusura e viene formato un corteo per l'uscita del MV dalla Loggia.

Segni e toccamento di Apprendista

SEGNO DI APPRENDISTA
AMMESSO

DUE GUARD* DI APPRENDISTA
AMMESSO

TOCCAMENTO DI APPRENDISTA AMMESSO

*La *Due Guard* viene praticata nelle Logge che sono all'obbedienza della Gran Loggia di Scozia o di tradizione scozzese. La traduzione italiana è "debita guardia" e deriva dall'espressione francese "Dieu garde" (Dio salva, protegge).

Sta ad indicare il modo in cui ambedue le mani del Candidato tengono il VLS durante l'Impegno Solenne nel Primo Grado; in ultima analisi la *Due Guard* sta ad indicare il rapporto tra le mani del Candidato ed il VLS.

L'esecuzione della *Due Guard* precede il relativo Segno ed offre una maggiore sicurezza durante la tegolatura di un individuo sconosciuto alla Loggia.

La sua effettuazione risale a tempi molto antichi e la si può trovare, già, nell'antico manoscritto di tradizione scozzese, *The Edimburgh Register House* del 1696.

La *Due Guard* non viene eseguita nei Lavori inglesi e la si ritrova per la prima volta nell'esposizione inglese *Three Distinct Knocks*, pubblicato nel 1760.

I LAVORI DI LOGGIA

Ci sembra giusto ed indispensabile, dopo aver tentato di "commentare" il Rituale *Emulation* in grado di Apprendista, cercare di analizzare il significato dei c.d. "lavori di loggia".

A questo punto, ci pare doveroso ricordare e ribadire, anche se lo diciamo sempre ma ce lo dimentichiamo spesso, come i nostri lavori siano lavori "<u>rituali</u>".

La ritualità in Massoneria costituisce un momento centrale, sia sul piano esoterico che formativo, oltremodo significativo del percorso massonico.

Per spiegare il significato dei lavori di loggia, bisogna fermarsi un momento per chiarire un concetto fondamentale, senza il quale non possiamo andare avanti.

Che cos'è la Massoneria?

La Massoneria è una Via iniziatica, anzi l'unica via iniziatica occidentale.

Per via iniziatica si intende il percorso che ogni uomo di "desiderio" deve intraprendere interiormente per la realizzazione del "sé", riuscendo a rispondere, o, quanto meno, tentando di rispondere, alle famose tre domande che assillano l'uomo: Da dove veniamo? Chi siamo? Dove andiamo?

Ognuno dei tre gradi della Massoneria è finalizzato a rispondere a queste tre domande.

Il grado di Apprendista deve soddisfare al primo quesito "da dove veniamo?"; il grado di Compagno serve a dare una risposta al quesito "chi siamo?"; il grado di Maestro, infine, serve a rispondere al terzo quesito "dove andiamo?".

La Massoneria, però, non ci fornisce risposte preconfezionate, per il semplice motivo che non ne ha. Si differenzia dalla scuola, normalmente intesa, perché non ci sono libri di testo, non ci sono esami da superare, non esistono insegnanti, non viene rilasciato alcun tipo di diploma che possa solleticare la nostra vanità. Quella è la scuola profana, quella che ci consente di realizzarci nel mondo esteriore nel quale quotidianamente viviamo ed agiamo.

La scuola profana è per "avere", la scuola iniziatica è per "essere".

La Massoneria, infatti, è una scuola particolare, che si rivolge al nostro mondo interiore. Ecco perché sarebbe più esatto definirla "Via" e non "scuola" iniziatica.

La Massoneria ci dà solo gli "strumenti" ed un "metodo" che consentono la nostra realizzazione interiore, purché la desideriamo e, poi, la vogliamo. Il desiderio e la volontà sono indispensabili per intraprendere il cammino, la via.

Gli "strumenti" di lavoro che la Massoneria ci dà sono i "simboli", ben rappresentati nel Tempio. Per Tempio intendiamo non solo il locale dove ci riuniamo e dove possiamo osservare fattivamente e facilmente i simboli, ma anche quello esterno dove viviamo, agiamo, interagiamo (perché sappiamo che il Tempio non ha confini) ed, in ultimo, ma non ultimo, il Tempio interiore che è in noi.

Si accennava, poc'anzi, che in Massoneria non ci sono libri di testo, intendendo con questi i normali libri di carta stampata. Ci sono, invece, "libri di testo", non scritti, ma che parlano in un modo più chiaro e suggestivo. Bisogna soltanto possedere, oltre al desiderio, occhi per vedere, orecchie per udire, e cervello per intuire.

Questo polimorfo, ma unico (nell'essenza), Tempio che possiamo, anche se in modo non esaustivo, configurarlo come la Natura, il Gran Tempio della Natura, è una *Summa Arcanorum*, una biblioteca dove possiamo imparare e conoscere i misteri, cioè, quello che non riusciamo a comprendere, ma che esiste e che è solo nascosto.

Etimologicamente (dal greco συν βαλλω, *sün ballo*, metto insieme) simbolo vuol dire "mettere insieme" due parti distinte, "riunire" due parti che si sono perdute (cfr. la parola perduta), ristabilendo, così, il contatto tra l'immanenza e la trascendenza.

Il simbolo, cioè, è capace di evocare una relazione tra un oggetto concreto e un'immagine mentale.

Il simbolo è una forma elevata di rappresentazione che ci fa comprendere, intuire un senso segreto; è la manifestazione, cioè, di un mistero.

Tant'è vero che, come dice Guenon, il simbolismo è un linguaggio meno limitato del linguaggio comune, perciò adatto per l'espressione e la comunicazione di certe verità, facendone, così, il linguaggio iniziatico per eccellenza ed il veicolo indispensabile di ogni insegnamento tradizionale.

Un altro strumento che la Massoneria ci dà, è quello del rito e della ritualità.

Per comprendere il valore del rito, la sua ripetitività e la sua necessaria ed inscindibile ritmicità, bisogna fare alcune osservazioni.

Il rito (dal gr. ρεω, *reo*, scorrere) è un insieme di simboli che scorrono, che si susseguono, è una successione di impressioni ideative, di immagini mentali. È una catena dinamica, che, con il suo ritmo, crea uno stato di unione, di accordo.

È un momento di simpatia e di sintonia favorevoli alla concretizzazione di una dimensione spirituale.

Se il ritmo è, per qualsiasi motivo, alterato o interrotto, si crea la disarmonia (in musica si direbbe stonatura, stecca).

Il ritmo è importantissimo nel rito, anzi, lo precede.

La Natura, d'altra parte, è ritmo. Senza ritmo la Natura cesserebbe di esistere.

Per opera dell'uomo il ritmo diviene rito, perché ripete l'eterna Armonia primigenia.

L'iniziazione muratoria, pur essendo una iniziazione "virtuale", conferisce certe qualità che rendono più facile la nostra realizzazione spirituale, il nostro perfezionamento interiore, in modo da trasformare l'iniziazione da "virtuale" a "reale".

E questo è un percorso che noi dobbiamo fare da soli, in silenzio, solo con noi stessi; è una scalata, come si dice in gergo alpinistico, "in solitaria".

Qualcuno, a questo punto, potrebbe obiettare: ma, allora, a cosa servono i lavori di loggia, se, poi, il cammino dobbiamo farlo da soli?

Sono, invece, importanti e fondamentali i lavori di loggia.

Il lavoro di gruppo in loggia, in un ambiente dove, lo possiamo tutti constatare, si respira un'atmosfera carica di influenze spirituali, che si sprigionano dai simboli, dal ritmo, dal rito, costituisce un aiuto risolutivo ed importante a tutti noi, nel nostro singolo e solitario lavoro.

Il lavoro rituale di loggia ha il potere di mutare lo spazio ed il tempo materiale in Spazio e Tempo Sacro.

Questa esperienza tutti noi, quante volte, l'abbiamo sperimentata nel Tempio, quando, anche per qualche attimo, abbiamo avuto la sensazione di trovarci in un luogo altro, ed in un tempo altro.

I medici parlerebbero, erroneamente, di "disorientamento spazio-temporale". In poche parole, ci siamo trovati catapultati fuori dal tempo e dallo spazio. Ci siamo trovati a vivere, come si dice, uno stato "edenico".

Questo è il compito e il lavoro iniziatico, quello, cioè, di recuperare lo stato primordiale dell'uomo, riconquistare quel livello spirituale che era tipico e peculiare dell'umanità ai suoi primordi.

In poche parole, recuperare lo stato di perfezione originaria, che, con il libero arbitrio, era andata perduta. È la ricerca del Paradiso perduto.

Il rito, con il suo ritmo, se ben compiuto, ci riporta a ri-vivere, cioè vivere nuovamente, quest'archetipo.

I lavori rituali non sono altro che la ripetizione, la riattualizzazione di un archetipo, di un tempo mitico, primordiale, grazie ai quali in loggia periodicamente possiamo ri-vivere.

La ritualità di oggi è contigua con quella di ieri, e diviene un tutt'uno nel corso degli anni e dei secoli, formando un solo e unico "tempo". Ecco, perché parliamo di "ininterrotta catena".

In ultima analisi, i lavori rituali in loggia, con la loro ritmicità e periodicità, facendoci ri-vivere un frammento del tempo primordiale, facilitano e incoraggiano i nostri fini iniziatici.

Una volta abolito il tempo profano e generato un tempo nuovo, possiamo, finalmente ricominciare una vita nuova.

Abbiamo ritrovato il Paradiso perduto, abbiamo compiuto un nuovo atto creativo, cioè una ri-creazione.

Tutti i testi sacri tradizionali, sia occidentali che orientali, esprimono il concetto di una regressione che l'umanità ha subito gradualmente, con il passare del tempo, cioè il passaggio da uno stato di perfezione (l'età dell'Oro) ad uno degenerato e corrotto (età del Ferro, o, meglio, del Piombo, per dirla in termini alchemici).

Come questa perdita è avvenuta gradualmente ed in fasi successive, così il recupero dovrà avvenire per gradi, percorrendo in senso inverso il cammino, fino a raggiungere lo stato iniziale.

Ecco il perché dei gradi massonici di Apprendista, Compagno e Maestro.

I lavori di loggia nei tre gradi sono diversi l'uno dall'altro, ma sono tutti rivolti, gradualmente, allo stesso fine.

L'Apprendista lavora sul piano materiale, il Compagno su quello animico ed il Maestro sul piano spirituale.

Non è un caso che la posizione della Squadra (che rappresenta la materia) e quella del Compasso (che rappresenta lo spirito) sono diversamente poste sul Libro della Legge Sacra, a seconda del grado in cui la loggia lavora.

Se è vero, come è vero, che la via iniziatica è il percorso che ogni uomo di "desiderio" deve intraprendere interiormente per la realizzazione del "sé", è pur vero che i primi passi dell'iniziato debbono tendere al superamento dell' "io". Se non superiamo l' "io", non realizzeremo mai il "sé".

Come facciamo a superare l' "io"?

Primo, riconoscendo i nostri limiti. Poi, intervenendo sulle zavorre che ci portiamo addosso sulle spalle, che impastoiano, senza accorgercene, la nostra esistenza.

Per superare l' "io", il rituale ci viene in aiuto.

Cosa viene richiesto al profano che bussa alla porta del Tempio?

Di essere un uomo libero e di buona reputazione. Libero da pregiudizi e di buoni costumi.

Nella cerimonia di iniziazione al grado di Apprendista, al recipendiario vengono tolti tutti i metalli (catenine, orologi, anelli, denari).

Ma i metalli sono il simbolo dei vizi, che un massone non deve possedere.

La definizione canonica di Massoneria, che ritroviamo nel rituale Emulation, è quella di un *Sistema di morale velato da allegorie ed illustrato da simboli* (anche se sarebbe, da un punto di vista terminologico, più esatto parlare di "Sistema di morale velato da simboli ed illustrato da allegorie").

Come si può osservare, quello che viene privilegiato come requisito imprescindibile per un buon massone è l'aspetto etico-morale, che permette a ciascuno di noi di essere d'esempio agli altri.

La morale, sinonimo di etica, rappresenta la condotta, secondo la quale l'uomo, seguendo delle norme, agisce nella collettività.

Riguarda la vita pratica considerata nel suo atto fondamentale di scelta tra bene e male, giusto e ingiusto. Condotta che rispetta i principi di giustizia ed onestà.

Può sembrare strano questo richiamo alla moralità per un massone, che, prima di essere iniziato, è stato valutato, esaminato e giudicato proprio in base alla sua moralità.

Se non fosse stato un uomo "libero e di buona reputazione" non sarebbe stato accettato dalla Fratellanza.

Ma il richiamo costante alla morale è un invito per tutti noi a migliorarci, a essere vigili, perché nella vita profana in cui giornalmente viviamo ed operiamo, le occasioni di uscire dalla "diritta via" sono tante ed inconsapevolmente non ce ne accorgiamo. Ed allora ... *repetita iuvant.*

Il grado di Apprendista è la base di tutta la Massoneria. Su questo grado si fondano tutti gli ulteriori progressi.

Osvald Wirth afferma che *se si vuole avanzare è necessario ritornare incessantemente a questo punto di partenza. Il primo grado è la chiave di tutti gli altri. Per quanti gradi possa aver ricevuto un Massone, se egli ignora l'esoterismo del Grado di Apprendista, non ha della Massoneria alcuna conoscenza effettiva, e tutte le "insegne" con cui si decora non sono che vani trastulli!*[49]

Tutti dobbiamo sempre lavorare sul piano fisico, e non solo il c.d. Apprendista, cercando di rimuovere le asperità, gli ostacoli che la fisicità ci frappone costantemente nel nostro cammino iniziatico.

È un lavoro costante e continuo, e senza impegno personale non possiamo aspirare ad alcun miglioramento.

Sgrossare la pietra grezza, che è in noi, è faticoso, i colpi dello scalpello a volte fanno male, ma sono necessari.

Solo quando avremo trasformato il vizio in virtù, l'odio in amore, l'egoismo in solidarietà, l'illegalità in onestà materiale ed intellettuale, la corruzione nell'incorruttibilità, l'evasione fiscale in contribuzione solidale, l'ingiustizia in rettitudine, la viltà in coraggio, la superbia in modestia, la disonestà in lealtà, il tradimento in fedeltà, la malvagità in bontà, la faziosità ed intolleranza in comprensione, la contraddittorietà delle azioni in coerenza ai principi e valori eterni, solo allora potremo dire di essere ad un punto giusto ed appropriato, di essere ben "orientati", per continuare il nostro cammino iniziatico.

Perché esso non è ancora terminato.

Dobbiamo ancora lavorare sul piano animico e sul piano spirituale. Il lavoro è ancora lungo.

---

[49] Osvald WIRTH, *La Massoneria resa comprensibile ai suoi adepti. Vol. II, Il Compagno*, Roma, Atanor, 2010, p. 7.

LE CARICHE DI LOGGIA

Proviamo ad analizzare le cariche di loggia, almeno quelle di maggiore significato esoterico. Teniamo presente che in Massoneria non esistono cariche più "importanti" di altre, considerate erroneamente di poco conto. È bene ricordare che in Massoneria la pietra "scartata" diventa pietra "angolare".

Tutte le cariche di Loggia hanno un loro peculiare significato e valore. Cambia soltanto la loro funzione.

Spesso esse sono profanamente considerate degli "onori", un qualcosa che fa parte del *cursus honorum* che ogni massone è tenuto a percorrere per diventare Maestro Venerabile.

Bisogna ricordare che le cariche di loggia, se non intimamente vissute, non costituiscono un onore per chi le ricopre. Esse debbono essere considerate solo un lodevole servizio. Le cariche sono come i mesi dell'anno. Pur nelle loro diversità, i mesi sono tutti ugualmente utili e necessari per raggiungere il loro fine ultimo che è quello del susseguirsi delle stagioni e delle età.

Iniziamo ad esaminare le cariche dei Fratelli che compongono il corteo d'ingresso nel Tempio e di uscita dal Tempio.

Sono il Maestro Venerabile, il Primo ed il Secondo Sorvegliante, il Primo e Secondo Diacono, il Copritore Interno (o Guardia Interna) ed Esterno (o *Tyler*).

Come avrete potuto notare le cariche sono sette. Essi rappresentano sette aspetti di una unità che è una "Loggia giusta e perfetta".

Sette è universalmente il numero della completezza. Basti pensare ai sette giorni occorsi per la Creazione; i sette colori dello spettro della luce; le sette note della scala musicale; i sette giorni della settimana; i sette vizi capitali e le sette virtù cristiane; i sette bracci della Menorah ebraica; sette sono gli attributi di Allah; sette gli Dei della felicità del buddhismo e dello shintoismo, e via dicendo.

Questi sette Fratelli sono accompagnati, anzi, guidati dal Direttore delle Cerimonie, che si pone all'inizio del corteo di ingresso nel

Tempio, mentre si colloca alla fine del corteo di uscita dal Tempio.

Alle sette cariche che costituiscono il corteo di ingresso ed uscita dal Tempio, abbiamo voluto aggiungere un'altra carica, quella del Cappellano, per lo più misconosciuta, ma piena di significati nascosti.

I COPRITORI
(*Tyler* e *Inner Guard*)

Ecco che vogliamo iniziare con una carica apparentemente "modesta" che è quella del Copritore. Nei due aspetti di Copritore Esterno e Copritore Interno.

Innanzitutto, cosa vuol dire copritore? Deriva, ovviamente, dal verbo "coprire" (dal lat. *co-operire*), che ha diverse accezioni. Il Vocabolario della lingua italiana della Treccani, nella sua prima accezione, riporta testualmente:

"In genere, mettere o anche stendere sopra o davanti o intorno a un oggetto qualcosa che serve a proteggerlo, a ripararlo dall'aria, dalla polvere, dalla luce, o da quanto altro possa in qualche modo recargli danno, o che abbia lo scopo o il risultato di occultarlo alla vista" (es. coprire il tavolo con la tovaglia, coprirsi la faccia con le mani, coprire il muro con uno strato di intonaco, coprire la pentola, coprire il fuoco con la cenere perché non si spenga).

In un'altra accezione: "Essere disteso o collocato sopra" (es. un drappo funebre copre la bara, sollevare il velo che copre il quadro).

Oppure, "Occupare uno spazio in tutta la sua superficie" (es. la nebbia copriva tutta la valle).

In modo figurato: "Proteggere da offese o pericoli, e in particolare, nel linguaggio militare, proteggere dall'offesa nemica" (es. coprire la ritirata, coprire i reparti in avanscoperta).

Possiamo affermare che "proteggere" e "difendere" sono i verbi che più sottendono le varie accezioni.

Nel Rituale *Emulation*, esistono due Copritori, quello esterno, chiamato *Tyler* (o *Outer Guard*, Guardia esterna) e quello interno, chiamato *Inner Guard* (o Guardia Interna). Nel Rituale scozzese i compiti del *Tyler* vengono svolti dal Copritore Esterno o dal Tegolatore.

Anticamente la carica del *Tyler* era talmente importante che veniva conferita all'ex-Maestro Venerabile, o quantomeno ad un Maestro Istallato. È bene ricordare, inoltre, che, nell'*Emulation*, soltanto tre cariche sono sottoposte ad elezione, con votazione da parte dei Maestri: il Maestro Venerabile, il Copritore Esterno ed il Tesoriere. Tutte le altre cariche sono di nomina del Maestro Venerabile.

Attualmente, negli edifici massonici, dove lavorano contemporaneamente diverse logge, tale carica viene erroneamente svolta da un solo fratello per tutte le logge. È sbagliato, perché ogni loggia deve avere, invece, un suo Copritore esterno.

È necessario fare alcune premesse storiche. La prima volta che il termine *Tyler* si incontra nei verbali di loggia è il 1732. La traduzione italiana di "tyler" sarebbe "custode", "fornaciaio", "piastrellista". Nella massoneria operativa il copritore di mestiere era colui che terminava la costruzione dell'edificio, costruendovi un tetto, posando tegole, grondaie, ecc. In poche parole, tegolava, copriva l'edificio, e da quel momento l'edificio poteva essere utilizzato. Non tutti gli attuali vocabolari inglese-italiano riportano l'etimo *tyler*. Segno questo di scarso uso della parola. Secondo alcuni Autori deriva dal francese *tailleur de pierre*, tagliatore di pietra, muratore[50]. Molto probabilmente, qualche massone inglese, trapiantatosi momentaneamente in Francia, al suo rientro in patria, aveva portato con sé qualche elemento aggiuntivo, come *tailleur de pierre*, che indicava il muratore. La doppia "elle" di *tailleur* è difficile da pronunciare per un anglofono, che, quando si sforza, proferisce qualcosa di simile a *tyler*.

Anticamente il *Tyler* riceveva un compenso per la sua attività, che consisteva:

a) nel preparare la loggia, tracciando linee con il gesso o con il nastro;

b) nell'inviare le comunicazioni ai Fratelli;

c) nel provvedere alla tenuta dei verbali.

Al Tegolatore veniva concessa la facoltà di rifiutare l'ingresso a

---

[50] Bernard E. JONES, *Guida e Compendio per i Liberi Muratori,* Roma, Atanòr, 1987, p. 393.

qualche Fratello, se esistevano buoni motivi (ad esempio, se non fosse pulito e vestito decentemente), e tenere lontani gli intrusi e gli estranei alla Massoneria.

Altro dovere del Tegolatore era quello, alla fine dell'Agape, di proporre il brindisi, che da lui prende il nome (il Brindisi del Guardiano).

Il *Tyler* veniva eletto dai membri di loggia al momento della nomina del Venerabile. Era ed è armato di una spada, spesso senza fodero, che inizialmente era di forma ondulata (spada fiammeggiante). Ricordo che all'interno del Tempio sono bandite le armi, perché non hanno alcun senso in un posto sacro, dove vige l'ordine e l'armonia. Indossava, a spese della loggia, abiti particolari, con cappello con piume, mantello rosso, giacca blue con galloni dorati, panciotto rosso. Abiti che oggigiorno sarebbero comici, ma a quell'epoca erano concepiti per destare impressione.

Per comprendere il significato, il valore, il simbolismo del Fr. Copritore Esterno, il primo fratello che abbiamo incontrato la prima volta quando siamo stati iniziati, e che, anche oggi, per primo incontriamo ogni volta che entriamo in loggia, bisogna partire da lontano e comprendere cosa sia la "consacrazione" di un luogo.

La consacrazione di un luogo o di un edificio è una cerimonia, un rito che comporta un passaggio, una trasformazione di quel luogo o di quell'edificio dallo stato profano a quello sacro. Con la consacrazione si viene a costituire uno spazio sacro che deve essere necessariamente salvaguardato e protetto. Lo spazio sacro viene separato da quello profano circostante mediante un recinto, o da un muro. Questa recinzione "ha lo scopo, tra l'altro, di tutelare il profano dal pericolo cui si esporrebbe penetrandovi senza avvedersene. Il sacro è sempre pericoloso per chi entra con esso in contatto senza preparazione"[51].

Quindi il recinto è una "difesa magica", (tant'è che è chiamato anche "cerchio magico"), che separa il Caos che esiste fuori, dall'Ordine

[51] Mircea ELIADE, *Trattato di storia delle religioni*, Milano, Edizione CDE, 1976, p. 381.

che regna dentro. Ma per entrare nel recinto è necessaria una porta. Questa affermazione può sembrare ovvia e scontata. Ma spesso l'ovvio nasconde significati inimmaginabili.

Basti pensare che da questa banale "porta" nasce l'antichissima divinità degli stipiti: il custode della porta, dell'ara, dell'albero, della fonte, dell'urna, ecc. Esso si colloca esattamente nel punto di passaggio tra il mondo sacro e quello profano. Il suo compito è quello di ostacolare le potenze contrarie al sacro, cioè le potenze demoniache, e proteggere, così, la casa, l'albero, la fonte, l'urna dalle influenze negative profane, sia concrete (ad es. malattie, incidenti, fulmini, ecc.), sia astratte (ad es. invidia, malevolenza, gelosia, ipocrisia, ecc.). Da notare che i sacrifici offerti alle divinità custodi si compiono proprio sulla soglia. La soglia è il limite, la frontiera che separa due mondi contrapposti (o meglio, apparentemente contrapposti), ed è, paradossalmente, l'unico punto in cui questi due mondi comunicano, dove il passaggio dal mondo profano al mondo sacro può realizzarsi.

Nell'iconografia delle varie civiltà, la divinità degli stipiti ha assunto molteplici aspetti: quello di genio, di leone, di grifone, di pantera, di leopardo, ecc. Ci sono anche figure composite, metà animali e metà uomini, come gli ebraici cherubini o le sfingi egizie. Infatti, nel logo della Gran Loggia Unita d'Inghilterra sono presenti due Guardiani della soglia. Sono i due angeli, i Cherubini, che sono di guardia e protezione all'Arca dell'Alleanza.

La figura del Guardiano della soglia la ritroviamo, ancor prima, nel mondo mitologico. Chi non ricorda gli eroi mitologici? Tutti questi eroi, nel corso delle loro imprese, sono sottoposti a numerose prove ed incontrano diversi ostacoli, il più grande dei quali si frappone proprio vicino alla persona o all'oggetto della loro impresa. Sono quasi arrivati alla meta agognata e lì trovano dei severi guardiani che ne impediscono l'accesso. I draghi, i serpenti, i grifoni ... sono i Guardiani della soglia, piazzati lì per impedire l'accesso a chi non lo merita, e per mettere alla prova la volontà dell'eroe.

Gli antichi romani avevano una divinità esclusiva per la protezione delle porte, Giano, che è la figura che più si addice al Copritore Esterno.

Giano, *Ianus*, è il più antico degli dèi dell'antica Roma. Il suo nome è legato alla sua funzione, che è quella di essere un dio delle porte di casa e dei passaggi. La porta di casa in latino, infatti, è chiamata *ianua*. Giano custodiva, come un portinaio, l'entrata e l'uscita della casa, e fu immaginato con due facce (Giano bifronte) a custodire, appunto, con la stessa solerzia e zelo, contemporaneamente, entrata e uscita. Al suo nome è dedicato il mese di Gennaio, *Ianuarius*, il primo mese dell'anno, il mese che è la porta d'ingresso del nuovo anno. Oltre al suo aspetto spaziale, che è quello di custodire e proteggere l'entrata e l'uscita, Giano, con le sue due facce, ha anche un aspetto temporale: una faccia rivolta al Passato e l'altra rivolta al Futuro. L'iniziato abbandona i metalli del suo passato, le tenebre in cui finora è vissuto, e va incontro al futuro, alla ricerca della luce[52].

Nella Bibbia troviamo l'Arcangelo Gabriele, che con la spada fiammeggiante sta a guardia dell'Albero della Vita.

Nella religione cristiana, quante volte abbiamo sentito parlare di *Ianua coeli*? È una delle litanie lauretane dedicate alla Madonna, che esprime la sua potenza salvifica. Tramite Maria, infatti, il fedele può agevolmente attraversare la Porta del Cielo.

Ricordo che, nell'Arco Reale, l'equivalente del Copritore Esterno, è chiamato *Janitor*, cioè Guardiano, Custode.

Nella Massoneria di Misraim e Memphis c'è il Guardiano del Tempio, chiamato Hieroceryx, che (erroneamente) svolge le funzione del Copritore interno. Infatti sta all'interno della loggia con la spada sguainata (!). È una contraddizione perché il Guardiano del Tempio dovrebbe stare all'esterno della loggia. Non esiste, però, un Copritore esterno. La preparazione del candidato, durante la cerimonia di iniziazione, viene svolta dall'Esperto, chiamato Ceryce, che per l'occasione prende il nome di Fr. Terribile.

---

[52] Ricordo, per curiosità, che esistono diversi nomi legati a *Ianus*, Giano. In italiano, ad esempio, c'è Gennaro; nei paesi di lingua anglosassone Jane, Jenny, Jennifer; in lingua slava Janos (Giovanni).

Lo Hieroceryx si ritrova anche nei Misteri Eleusini: è un officiante che è deputato alle cerimonie di purificazione. Gli atti di purificazione non servono all'interno della loggia, intesa come Tempio, perché la loggia è per definizione un luogo sacro, cioè puro. Nelle Logge di tradizione scozzese, è presente il Copritore interno, anch'esso con la spada sguainata (!), la cui funzione è più rappresentativa di quello esterno. Quest'ultimo è ricordato soltanto nella cerimonia di apertura dei lavori ed ha il compito di "allontanare i profani e partecipare alla preparazione dei Candidati". Come si può notare c'è, attualmente, una grande confusione intorno ai Copritori, perché si è perso il significato del Copritore e, conseguentemente, i suoi compiti. Il Copritore interno, ad esempio, è pressoché sconosciuto alla maggior parte delle logge americane.

Il nostro Tempio massonico, che è uno spazio sacro, ha anch'esso una difesa magica, interrotta, però, in un punto, cioè dalla porta, a difesa della quale c'è un guardiano, il Copritore esterno. Nel rituale *Emulation* di apertura della Loggia, è detto chiaramente che il Copritore Esterno è posto fuori della porta della Loggia e che, armato di una spada sguainata tiene lontano tutti i profani e gli intrusi dalla Massoneria; e, inoltre, che si assicura che i candidati siano correttamente preparati.

Nei rituali di iniziazione, di passaggio e di elevazione è il Copritore esterno che prepara i candidati, anzi, si fa garante, nei confronti della Loggia, della preparazione di essi, in modo che, superate le prove a cui il Copritore interno li sottoporrà, essi possano oltrepassare la soglia ed entrare così purificati nello spazio sacro.

Tutto ciò avviene al limite della porta, sulla sua soglia.

Nella massoneria operativa, il Copritore esterno (*Tyler*) era colui che vietava l'ingresso nel cantiere edile agli estranei, richiedendo la "parola di passo" del grado in cui si lavorava. Mentre il Copritore interno (l'*Inner Guard*, Guardia Interna) richiedeva "i segni e i toccamenti", che per prudenza dovevano essere eseguiti all'interno della Loggia, fuori da occhi indiscreti. Oggi, secondo il rituale *Emulation*, questo compito del Copritore interno, è svolto invece dai

Sorveglianti (*Warden*). Essi, infatti, debbono accertarsi, all'apertura e alla chiusura della loggia, il 2° Sorvegliante che "la loggia sia debitamente coperta" (l'accertamento, poi, è compiuto dal Copritore Interno), il 1° Sorvegliante che "tutti i presenti siano liberi muratori".

A proposito di "copertura", è bene aprire una breve parentesi. Molti pensano che la copertura della loggia si riferisca a quella della volta stellata. Ma non è così. Il soffitto stellato forma con il Tempio un tutt'uno, una unità inscindibile. La copertura si riferisce, invece, alla Porta, l'unico punto scoperto, come abbiamo già detto, di passaggio tra il mondo profano e quello sacrale. Questo punto "scoperto" deve essere costantemente protetto (o, come si dice, "coperto"). Anzi, per essere più esatti, deve essere protetto da una guardia armata, il cosiddetto, nel gergo militare, piantone. Infatti, nel rituale *Emulation*, quando, su invito del 2° Sorvegliante, il Copritore Interno bussa ritualmente alla porta ed aspetta che il Copritore Esterno risponda con gli stessi colpi, non fa altro che accertarsi della presenza esterna di una guardia armata, cioè che la porta sia piantonata, cioè protetta. Quindi, il vero Copritore, cioè il vero "piantone", è uno solo, quello Esterno.

È un soldato armato, un *miles*, che sta al confine, *limes*, del Tempio.

Non è un caso che i due termini latini *miles* (soldato) e *limes* (confine, limite) siano l'uno l'anagramma dell'altro.

Per quanto riguarda la funzione di Tegolatore, cioè se essa sia svolta dal Copritore Interno o dal Copritore Esterno, si è del parere che entrambi gli Ufficiali svolgano questo ruolo, anche se in modo differente. Il dovere del Copritore Interno, come dice il rituale *Emulation*, è, oltre a quello di assicurarsi che la loggia sia protetta, quello di "ammettere i Muratori, dopo averli provati tali, ricevere i Candidati nelle forme dovute e obbedire ai comandi del 2° Sorvegliante", compiti che vengono svolti tutti all'interno della loggia dove non c'è bisogno di una guardia armata di protezione. "Ammettere i Muratori, dopo averli provati tali...", vuol dire verificare il passo e il segno del loro grado, cioè tegolare. Mentre il

Copritore Esterno si limita a parzialmente tegolare i Fratelli chiedendo loro solo la "parola di passo".

Infatti, come è già stato detto, essendo posti all'esterno e soggetti ad occhi profani, solo la parola di passo può essere richiesta, perché essa può essere data sottovoce, non udibile da orecchie profane. Il passo ed il segno, invece, vengono richiesti all'interno della Loggia, e non all'esterno, in modo tale che non possono essere visti da persone estranee alla Muratoria.

Il gioiello del Copritore Esterno, nel Rituale *Emulation*, è rappresentato da una spada verticale con la punta in basso. Il Copritore Esterno tiene la spada con la mano destra, perché, essendo un difensore della Loggia, deve essere pronto ad utilizzarla senza indugio. È l'unico, durante i lavori, a tenere una spada. Nella massoneria di rito scozzese, invece, il Copritore Interno impugna la spada con la mano sinistra (cioè, la spada non è per la difesa, ma solo coreografica) e, per gioiello ha tre chiavi incrociate, mentre il Primo Esperto ha per gioiello la spada. Il Primo Esperto, invece, ha il compito di impartire le istruzioni massoniche del grado ai neofiti in occasione della loro iniziazione, e ai Fratelli in occasione del loro conferimento ai gradi di Compagno e Maestro. Egli, inoltre, ha il compito di verificare che i Fratelli si presentino in Loggia con il giusto abbigliamento, con i distintivi massonici prescritti, e se, per il loro grado, abbiano diritto a partecipare ai lavori in atto. Risponde, inoltre, al 2° Sorvegliante.

Come potete notare, i suoi compiti sono parzialmente assimilabili a quelli del nostro Copritore esterno (*Tyler*), con una differenza fondamentale che è quella del posto. Il Primo Esperto è situato all'interno della Loggia, mentre il nostro Copritore Esterno è all'esterno della Loggia.

Purtroppo, in molte logge di tradizione francese ed anche anglosassoni, la carica di Copritore Esterno viene svolto o da un Fratello Servente o da un Fratello utilizzato da più logge. Come potete notare, c'è, purtroppo, una confusione di ruoli.

Volendo fare una sintesi e cercando di "svelare", cioè togliere il velo che ricopre ciò che è nascosto, bisogna fare alcune considerazioni. Il Tempio viene chiuso "ermeticamente" dai due Copritori. Il Copritore Esterno impedisce agli "estranei" di entrare; il Copritore Interno, invece, impedisce ai "partecipanti" ai lavori di uscire. Quando parliamo di Loggia, di Tempio, dobbiamo sempre intendere la "nostra" Loggia e il "nostro" Tempio, cioè, quello interiore.

In tal modo, dobbiamo fare in modo di allontanare da noi gli "estranei", cioè tutte le influenze esterne che siano di ostacolo alla nostra realizzazione spirituale e fare in modo che le nostre energie interiori, non evaporino, non si disperdano, anzi, si accrescano, facilitando, così, il nostro lavoro spirituale. Ché, poi, è questo lo scopo ed il significato dell'essere Massoni.

Molti autori hanno cercato un rapporto tra le funzioni degli Ufficiali e il simbolismo planetario astrologico. Simbolicamente il Tempio è la rappresentazione del Cosmo. Il rituale lo dice chiaramente: il Maestro Venerabile è posto ad Oriente, ad Est; il 1° Sorvegliante siede ad Occidente, ad Ovest; il 2° Sorvegliante sta a Mezzogiorno, a Sud; il posto degli Apprendisti è a Settentrione, a Nord. L'asse Est-Ovest che divide longitudinalmente la loggia individua le zone di "luce" e di "tenebre". L'intersezione dell'asse E-O e N-S rappresenta il centro del Tempio e il centro del Mondo, e, se noi ci poniamo in questo punto di osservazione possiamo seguire il moto diurno, apparente, destrorso del sole (in realtà è la Terra che ruota sul proprio asse in senso sinistrorso). Quanto detto spiega come la Loggia (il microcosmo) non è altro che la riproduzione dell'Universo (il macrocosmo).

La rappresentazione microcosmica del Tempio, serve anche ad individuare gli equinozi, i solstizi, le quattro stagioni e i dodici segni zodiacali. Alcuni autori hanno voluto stabilire nelle cariche di loggia delle corrispondenze astrologiche.

Il Copritore Esterno è collegato alla Bilancia, segno d'aria (elevazione intellettuale) ed è capace di alimentare il Fuoco primo di Ariete del Maestro Venerabile, che è in opposizione lungo l'asse equinoziale. Ecco perché deve essere l'ex-Maestro Venerabile, o, comunque un

Maestro Installato, ad occupare il posto del Copritore Esterno.

Da un punto di vista alchemico, invece, il Copritore Esterno, che, ricordiamo, è il guardiano della soglia, l'unica apertura che divide il mondo profano dal mondo sacro, il visibile dall'invisibile, è il coperchio che chiude ermeticamente la loggia, cioè il forno, l'*athanor*. È il responsabile del punto di "cottura" o di "fusione" dell'Opera, che deve essere continuamente controllato, perché il forno, l'*athanor,* rimanga integro e non si rompa, vanificando il lavoro fin lì svolto.

In poche parole, il Copritore esterno è lo specchio o il "riverbero" del Maestro Venerabile. Non dimentichiamo che l'*athanor*, in ultima analisi, rappresenta il forno "interiore" alimentato da un fuoco "eterno", forno capace, attraverso diverse fasi, di "bruciare" le impurità di un metallo impuro quale il piombo, sino a renderlo oro. Così l'iniziato deve essere in grado di liberarsi dei propri "peccati" (etimologicamente, le macchie, i difetti, i vizi) purificandosi e studiando sino a divenire luce per gli altri e maestro di se stesso.

Per capire l'*athanor*, basti rifarsi al distillatore per grappa o per acquavite. Esso è composto da una "caldaia", che ospita le "vinacce" (le bucce degli acini d'uva); da un "tappo" che lo chiude ermeticamente, da cui esce un tubo, dentro il quale passano i vapori che raggiungono una "serpentina", raffreddata ad acqua, dove i vapori stessi si condensano, ritornando liquidi e dando così vita al distillato.

L'aspetto fondamentale di tutto il processo di distillazione è la "temperatura di ebollizione" delle varie sostanze contenute nella caldaia. Le varie sostanze evaporano a varie temperature e tutte vanno eliminate (ad es. l'alcol metilico, dannoso per la salute), tranne l'alcol etilico, che condensandosi, si trasformerà in grappa.

L'esempio è banale, ma rende l'idea. L'*athanor*, il distillatore è la nostra interiorità; le vinacce sono la nostra materialità, le nostre impurità, i nostri peccati; il fuoco è la nostra volontà, necessaria ed indispensabile, senza la quale non ci può essere alcun cambiamento, fuoco che, però, va controllato, guidato, mantenuto. Non è facile liberarci dalle nostre impurità, così come le impurità dei metalli non si eliminano tutte insieme, ci sono fasi diverse, perché le impurità hanno punti di eliminazione, cioè di ebollizione, diverse. Bisogna, quindi, stare attenti alla temperatura del fuoco, che va alimentato pian piano, a volte rallentato, a volte mantenuto. Un rapido aumento della temperatura, ad esempio, può portare ad un accrescimento della pressione interna della caldaia, la quale, se non ci fosse la c.d. "valvola di sicurezza", o se il tappo di questa valvola non funzionasse, esploderebbe, mandando in rovina tutto.

Abbiamo detto che il Copritore Esterno è il coperchio dell'*athanor*, del forno, il tappo della caldaia, e che in questa similitudine alchemica è lo specchio ed il riverbero del Maestro Venerabile. Per far meglio comprendere questa correlazione che c'è tra il Maestro Venerabile ed il Copritore Esterno, penso che, *mutatis mutandis,* è la stessa che esiste tra il Comandante di una nave ed il suo Direttore di Macchina. Entrambi, nei loro diversi ruoli, sono necessari ed indispensabili, non sono opposti, ma complementari.

Abbiamo visto come importante sia il simbolo della Porta. Psicoanaliticamente la porta è un simbolo sessuale femminile. Sul piano della vita biologica rappresenta la fecondazione ed è collegato con i riti della fertilità. Sul piano della vita spirituale rappresenta l'apertura del mondo terreno rispetto ad uno ultraterreno, è la porta per il Cielo (*ianua Coeli*), il passaggio, cioè, da una fugace realtà connotata da spazio e tempo, in una realtà senza spazio e senza tempo, cioè, l'eterno infinito.

I DIACONI
(*Senior Deacon* e *Junior Deacon*)

Nella lontana Massoneria operativa i compiti del Diacono erano diversi rispetto a quelli dell'attuale Massoneria speculativa.

Addirittura, in Scozia, il Diacono era la carica più alta esistente nelle Corporazioni di Mestiere ed i compiti erano diversi da quelli che attualmente riveste nella Massoneria speculativa.

I primi esempi di Diacono nella Massoneria speculativa risalgono al 1727 in Irlanda, e al 1734 in Inghilterra. Dalla seconda metà del '700, ci sono due Diaconi. Solo nel 1809 si ha la piena accettazione ufficiale dei Diaconi nelle logge.

Nel Rituale *Emulation*, il 1° Diacono (*Senior Deacon*) si trova alla destra o vicino alla destra del Maestro Venerabile Il suo compito è quello di portare tutti i messaggi dal Maestro Venerabile al 1° Sorvegliante e attendere il ritorno del 2° Diacono.

Il 2° Diacono (*Junior Deacon*) si trova alla destra del 1° Sorvegliante e il suo compito è quello di portare tutti i messaggi e le comunicazioni del Maestro Venerabile dal 1° al 2° Sorvegliante ed accertarsi che questi vengano puntualmente eseguiti.

Il Rituale Scozzese è pressoché uguale all'*Emulation.* In apparenza sembra identico, ma in realtà ci sono delle differenze, che riguardano esclusivamente il 1° Diacono.

Oltre a portare gli ordini del Maestro Venerabile al 1° Sorvegliante, infatti, il 1° Diacono ha il compito di portarli, anche, qualora occorra, agli altri Dignitari ed Ufficiali.

Riassumendo, i Diaconi, almeno da ciò che si evince in entrambi i rituali, sono degli "assistenti e attendenti[53]" del Maestro Venerabile e dei Sorveglianti. Sono portatori di messaggi, comunicazioni, ordini.

---

[53] Bernard E. JONES, *Guida e compendio per i Liberi Muratori,* Roma, Editrice Atanòr, 1987, p. 383.

In particolare, nella Massoneria Scozzese, debbono passare "la parola sacra" dal Maestro Venerabile ai Sorveglianti. In pratica, però, nella cerimonia di chiusura della Loggia, durante il "passaggio" della parola sacra, il 1° Diacono, ricevuta dal Maestro Venerabile la parola sacra, invece di trasmetterla, come è suo compito, al 1° Sorvegliante, la comunica al 2° Sorvegliante. Successivamente, il 2° Diacono, il cui compito è quello di portare gli ordini dal 1° Sorvegliante al 2° Sorvegliante, va a ricevere (non dare) gli ordini dal 2° Sorvegliante, che, poi, li trasmette al 1° Sorvegliante. Questi, ricevuta correttamente la parola sacra, comunica al Maestro Venerabile che "Tutto è giusto e perfetto". Evidentemente, gli autori delle modifiche ritualistiche, che nel tempo sono avvenute, hanno preferito privilegiare la figura del 1° Sorvegliante come la più adatta nella verifica che "tutto è giusto e perfetto". Ovviamente, sono stati costretti ad inserire, tra i doveri del 1° Diacono, la possibilità di trasmettere gli ordini del Maestro Venerabile anche agli "altri Dignitari ed Ufficiali, qualora occorra" (come dice il Rituale).

Questo per quanto riguarda la Massoneria Scozzese.

Nel Rituale *Emulation,* invece, i Diaconi, oltre a trasmettere gli ordini dal Maestro Venerabile al 1° e 2° Sorvegliante, sono adibiti, anche ad altre funzioni:

1) Compito del 2° Diacono è quello di scoprire e coprire la Tavola di Tracciamento, rispettivamente all'apertura e chiusura dei lavori nei tre gradi. Nel Rituale scozzese, invece, è il Maestro delle Cerimonie a tracciare o collocare il Quadro di Loggia.

2) Altro compito dei Diaconi è quello di accompagnare ed assistere i Candidati durante le Cerimonie di Iniziazione, di Passaggio e di Innalzamento. In queste Cerimonie, i Diaconi sono figure cardini, che rivestono fondamentale importanza nel buon svolgimento della cerimonia.

In particolar modo, Il 2° Diacono lo troviamo nella Cerimonia di Iniziazione, mentre il 1° Diacono in quella di Passaggio e di Innalzamento.

Il 2° Diacono, prendendolo "saldamente" per mano, aiuta il Candidato a camminare e a bussare, gli suggerisce le risposte da dare, e, su comando del Maestro Venerabile, gli insegna i Passi del grado.

In poche parole, l'Apprendista, durante la Cerimonia, è sotto la tutela del 2° Diacono, mentre il Compagno ed il Maestro sono sotto la tutela del 1° Diacono.

Inizialmente, nel '700 il gioiello dei Diaconi consisteva in una rappresentazione di Mercurio, con le ali ai piedi e sull'elmo, col piede sinistro poggiato su un globo e recante sulla sinistra un caducèo, bastone alato degli antichi araldi e specialmente di Ermete, Hermes (Mercurio, per i latini), il messaggero degli dèi, la guida delle anime verso gli inferi, il patrono dei viaggiatori.

Il gioiello subisce, però delle modifiche. Infatti, dalla fondazione della Gran Loggia Unita d'Inghilterra (27 dicembre 1813), il gioiello dei Diaconi è rappresentato da una colomba con un ramo di ulivo nel becco (in ricordo della colomba fatta uscire per tre volte da Noè dall'Arca e ritornata, la terza volta, con un piccolo ramo d'ulivo nel becco). La colomba, infatti, è un messaggero di pace e sicurezza. Ricordo come essa sia un simbolo cristiano molto importante. Quando viene raffigurata uscente dalla bocca di un morente, essa è un simbolo dell'anima.

Sono 209 anni che gli inglesi hanno adottato e non più cambiato la colomba, come gioiello del Diacono.

Ad onor del vero, dobbiamo dire che la colomba era utilizzata dai Fratelli irlandesi molto prima che venisse adottata dagli inglesi.

Nella Massoneria Scozzese, invece, la figura del Diacono perde di importanza, tanto che la carica viene affidata agli Apprendisti, e, tutt'al più, ai Compagni. Talora non viene affidata a nessun fratello. È una carica evanescente, tanto che, secondo alcuni, "Il 1° e 2° Diacono non sono Ufficiali né Dignitari, ma "portaordini" o "portavoce" rispettivamente del Maestro Venerabile e del 1°

Sorvegliante. Difatti, si tratta di Fratelli Apprendisti che hanno compiti limitati in Primo Grado"[54].

Anche il suo gioiello subisce una inspiegabile mutazione, trasformandosi in un "guanto". È difficile comprendere il nesso logico e/o esoterico tra il Diacono e il guanto, anche perché il guanto non è di esclusiva pertinenza del Diacono, dal momento che tutti i fratelli di ogni ordine e grado sono obbligati ad indossare i guanti.

Nella massoneria operativa, il guanto, insieme al grembiule, era un mezzo di protezione individuale, finalizzati entrambi alla propria incolumità. I massoni speculativi hanno adottato per la loro "divisa" l'uso dei guanti, per giunta di colore bianco, per indicare metaforicamente che le loro mani erano "pulite" e non toccate dalla corruzione. Sono il simbolo della purezza e l'innocenza di costumi del massone.

Caratteristica, invece, del Diacono è quella di portare un'asta, un bastone, reminiscenza, forse, del caduceo di Ermete (Hermes, Mercurio), nel primitivo gioiello della carica.

Il bastone è un segno di potere, di forza e di governo ed è stato portato, e lo si porta ancora, come emblema di una carica profana importante. Vedi i fasci littori dell'antica Roma, il caduceo degli araldi e degli ambasciatori romani, lo scettro dei re, dei magistrati, il pastorale dei papi e vescovi, il bastone di alte cariche militari. Come si può notare, l'uso del bastone o dell'asta, a scopo cerimoniale, risale alla notte dei tempi. Basti ricordare il bastone di Mosè, che compì prodigi durante le sue peregrinazioni; il bastone di Aronne, che germogliando indicò nella stirpe di Levi la discendenza sacerdotale. Sicuramente i massoni l'hanno ereditato dalle Corporazioni di mestiere o l'hanno tratto dalle usanze ecclesiastiche.

---

[54] Ivan MOSCA, *Quaderni di simbologia muratoria*, Roma (a cura del G.O.I.), s.d. (dopo 1977), quad. n. 4.

In Loggia solo tre cariche hanno un'asta, i due Diaconi ed il Direttore delle Cerimonie (sono detti, tra l'altro, Ufficiali di pavimento, perché sono quelli che lo utilizzano maggiormente).

Nel Rituale scozzese, la lunghezza delle aste dei Diaconi è la metà di quella del Maestro delle Cerimonie, stabilita in 144 centimetri; sono di sezione quadrata e sono foderate o dipinte di rosso e non hanno alcun gioiello sull'asta.

Nel Rituale *Emulation*, invece, l'asta dei Diaconi e del Direttore delle Cerimonie è di uguale lunghezza, sottile e di sezione circolare. Divergono tra loro per il diverso gioiello posto sull'asta in alto (la colomba che stringe nel becco un ramoscello di olivo per i Diaconi e due aste a croce di Sant'Andrea legate da un nastro per il Direttore delle Cerimonie).

Come abbiamo, poco fa, detto, il bastone (dei Diaconi e del Direttore delle Cerimonie), è simbolo di potere. Parimenti, simboli di potere, lo sono i maglietti (del Maestro Venerabile e dei due Sorveglianti), così come lo è la spada sguainata del *Tyler* (Copritore Esterno). Complessivamente sono sette le cariche (Maestro Venerabile, 1° e 2° Sorvegliante, 1° e 2° Diacono, Direttore delle Cerimonie, Copritore Esterno) che nella Loggia rivestono una funzione importante, di potere, tanto che la loro potestà è visibile anche esteriormente. A dir il vero, anticamente, le cariche di "potere" erano otto. Oltre alle sette già accennate, c'era il Copritore Interno, che aveva come arma una "cazzuola acuminata", che ricordava un pugnale. Con il tempo il Copritore interno perse la cazzuola e nel 1819 la Gran Loggia Unita d'Inghilterra autorizzò il Copritore Interno ad indossare come gioiello due spade a croce di sant'Andrea con la punta in basso.

Riassumendo e sintetizzando quanto sopra esposto, possiamo supporre che:

1) i Diaconi sono dei tramiti di comunicazione tra le tre Luci;

2) il 1° Diacono costituisce il legame tra Oriente (M.V.) ed Occidente (1° Sorv.): è il punto di equilibrio tra lo Spirito e l'Anima;

3) il 2° Diacono rappresenta il legame tra l'Occidente (1° Sorv,) ed il Meridione (2° Sorv.): è il punto di equilibrio tra l'Anima e l'Intelletto.
I Diaconi sono dei "mediatori", sono dei latori di un messaggio salvifico, sono i "testimoni" della manifestazione spirituale, divina. Sono le "guide" che accompagnano i morti (alla vita profana) e conducono i ri-nati alla luce iniziatica.
I Diaconi hanno lo stesso significato simbolico che lega i due San Giovanni (Battista ed Evangelista) al Cristo, il *Sol invictus*, il Sole che si alza e si abbassa ai due solstizi?
Hanno lo stesso significato degli Angeli Custodi della tradizione cristiana, che hanno il compito di proteggere e guidare le persone nella strada della salvezza?
Ad ognuno di noi le risposte.

I SORVEGLIANTI
(*Senior Warden* e *Junior Warden*)

In inglese, il termine Sorvegliante (*Warden*) significa letteralmente "Guardiano", cioè "colui che attende alla sicurezza o alla conservazione di ciò che gli è stato affidato[55]".

Bisogna distinguere i Sorveglianti di una antica Loggia operativa, dai Sorveglianti nelle moderne Logge speculative.

Nelle Logge operative era uso assumere, durante la costruzione di un edificio, un Sorvegliante alle dipendenze di un Maestro (o Maestro Muratore). Normalmente, ma non sempre, il Sorvegliante era il numero due nell'importanza delle cariche. In alcune Logge, invece, era la carica principale. In altre, specie in Scozia, la carica principale era quella del Diacono.

A grandi linee, possiamo dire che a partire dalla seconda metà del XVII secolo, le Corporazioni in Scozia avevano un solo Sorvegliante, che poteva essere il capo della Loggia o il suo vice. Le Corporazioni in Inghilterra, invece, avevano due Sorveglianti (detti anche Sorvegliante Superiore ed Inferiore)

In poche parole, nella Massoneria speculativa, i due Sorveglianti sono un retaggio delle Corporazioni inglesi, mentre i Diaconi sono un retaggio delle Corporazioni scozzesi. Comunque, come già abbiamo evidenziato, è rilevante la stretta relazione che esiste tra i Diaconi e i Sorveglianti, sia nella Massoneria operativa che in quella speculativa.

Attualmente, nelle Logge speculative i Sorveglianti sono due, il Primo o anziano (*Senior Warden*), il Secondo o giovane (*Junior Warden*).

Le posizioni in Loggia del Maestro Venerabile, del 1° Sorvegliante e del 2° Sorvegliante, formano un triangolo equilatero con vertice

---

[55] Bernard E. JONES, *Guida e compendio per i Liberi Muratori,* Roma, Editrice Atanòr, 1987, p. 379.

destrorso. In questo caso i tre punti raffigurano le "tre luci della Loggia".

I compiti e i doveri dei Sorveglianti li possiamo ricavare dalla lettura dei rituali. In linea di massima, possiamo anticipare che essi sono quasi identici sia nel Rituale *Emulation* che in quello Scozzese.

Sinteticamente, possiamo definire i compiti che sono comuni ai due Sorveglianti:

a) entrambi indicano o osservano il Sole, il 1° Sorvegliante al tramonto, il 2° Sorvegliante al meridiano;

b) entrambi si assicurano, tramite il Copritore Interno, che la Loggia sia coperta;

c) entrambi si interessano del lavoro degli operai. Il 2° Sorvegliante chiama i Fratelli dal lavoro al riposo e dal riposo al lavoro, mentre il 1° Sorvegliante si assicura che ogni operaio abbia avuto ciò che gli è dovuto (Rituale *Emulation*) o si assicura di pagare gli operai e mandarli via contenti e soddisfatti (Rituale Scozzese).

d) entrambi sono incaricati dell'istruzione: il 1° Sorvegliante istruisce i Fratelli Compagni, il 2° Sorvegliante i Fratelli Apprendisti.

Da quanto sopra esposto, si possono trarre alcune considerazioni.

1) Il Gioiello del 2° Sorvegliante è la Livella, strumento di lavoro orizzontale, mentre quello del 1° Sorvegliante è la Perpendicolare o Filo a piombo, strumento di lavoro verticale.

Questi due strumenti di lavoro, apparentemente contrari, troveranno la loro sintesi nella Squadra, gioiello del Maestro Venerabile. La Squadra, che è formata da due bracci rettangolari, la si può considerare come la sintesi dell'orizzontale (la livella) con il verticale (la perpendicolare). È la *coincidentia oppositorum*, cioè l'unione dei contrari, che, poi, contrari non sono, ma sono solo complementari. È il punto di equilibrio tra i due Sorveglianti. Il Maestro Venerabile rappresenta lo Spirito, il Principio divino; il 1° Sorvegliante la Luna; il 2° Sorvegliante il Sole. Come si può vedere ad Oriente, dietro lo scranno del Maestro Venerabile: esse sono le tre emblematiche luci minori della Massoneria[56].

---

[56] Il Libro della Legge Sacra, la Squadra ed il Compasso sono, invece, le tre

Il 1° Sorvegliante personifica l'Anima, la Psiche, il principio animico dell'uomo. Si trova ad Occidente, dove il Sole è tramontato e la Luna ha preso il suo posto, dove non c'è luce propria; esso riceve la luce dallo Spirito divino del Maestro Venerabile, come la luna riceve e riflette la luce solare.

A metà strada, tra la luce dello Spirito del Maestro Venerabile, posto ad Oriente, e l'Anima della Luna del 1° Sorvegliante, posto ad Occidente, si trova il 2° Sorvegliante che rappresenta il Sole a Mezzogiorno e personifica la Mente, l'Intelletto, il punto di incontro della intelligenza con l'intuizione spirituale.

2) I due Sorveglianti sono gli Assistenti del Maestro Venerabile. Tutti e tre sono indicati come le Luci della Loggia, tanto che hanno il privilegio di adoperare il maglietto. Quando il maglietto del Maestro batte, quelli dei Sorveglianti ripetono sempre gli stessi colpi.

Questo vuol dire che "battono all'unisono" con il Maestro Venerabile, cioè agiscono e operano in piena armonia con Lui. Quando il Principio divino, che è in ognuno di noi, parla al profondo del nostro essere, anche le restanti e nascoste parti della nostra natura dovrebbero risuonare in armonia con Lui. Senza la presenza di questo Principio divino, l'uomo sarebbe poco più di un animale. Grazie alla presenza di Lui, l'uomo può uscire dalla sua dimensione umana.

3) I due Sorveglianti accompagnano i nostri lavori dall'alba al tramonto, dal mezzogiorno a mezzanotte, finché c'è la luce, finché c'è giorno. I nostri lavori sono la metafora della nostra via iniziatica, che liberamente abbiamo scelto di percorrere, pur conoscendone le difficoltà, gli impedimenti, gli insuccessi, i fallimenti. Ma non tutti abbiamo realmente intrapreso il cammino, perché il lavoro non è leggero, le resistenze sono tante. Abbiamo paura di affrontare l'ignoto. E rimandiamo. Ma arriverà un momento in cui non potremo più rimandare. Giorno verrà e ci sveglieremo in un oggi senza domani. E non ci sarà più ri-creazione. Non potremo più avere

emblematiche Luci maggiori.

alcuna ricompensa. Non potremo più andare via contenti e soddisfatti.
Parafrasando il detto latino *festina lente*, affrettati lentamente, non rimane altro che dire a noi stessi "con cautela, affrettiamoci".

IL MAESTRO VENERABILE
(*Worshipful Master*)

Anticamente era chiamato Maestro di Loggia, perché i gradi massonici, a suo tempo, erano limitati a due, gli Apprendisti e i Compagni. All'interno dei Compagni veniva scelto un Fratello a dirigere la Loggia, acquisendo, così, il titolo di Maestro di Loggia. Successivamente fu aggiunto il terzo grado ed il Maestro di Loggia fu chiamato Maestro Venerabile.

Analizziamo, ora, cosa dicono i rituali circa la figura del Maestro Venerabile.

Nel Rituale *Emulation*: "Come il sole sorge ad Est per dare inizio e vita al giorno, così il Maestro Venerabile è situato ad Est per aprire la Loggia, e per impiegare ed istruire i Fratelli nella Libera Muratoria".

Nel Rituale scozzese: "Come il Sole, apparendo ad Oriente per dare inizio al giorno, illumina la Terra, così il Maestro Venerabile, sedendo all'Oriente per dirigere i Lavori, istruisce i Fratelli col lume della propria scienza muratoria".

Come si può osservare, c'è una somiglianza tra i due Rituali, anche se c'è un aggettivo possessivo, "propria", (adoperato nel rituale scozzese), che, a nostro parere, è un po' stonato, nel senso che la scienza muratoria non è personale, propria, di ogni singolo Venerabile, che può dispensarla ad altri, ma è il mezzo e la meta di una ricerca personale, propria (questa, sì!) di ciascun Fratello. Il Maestro Venerabile deve solo stimolare e accompagnare questa ricerca, che deve essere compiuta in piena e proficua solitudine.

Una differenza importante tra i due Rituali è questa. Nel rituale scozzese non è presente una vera e propria Cerimonia di Installazione del Maestro Venerabile. Questi viene normalmente, durante i lavori in primo grado, ricevuto, costituito e consacrato dal Venerabile uscente, alla presenza di tutta la Loggia. In alcune Obbedienze, forse in qualche Loggia di queste Obbedienze, c'è una modesta e breve ritualità, ma nulla c'è di codificato ufficialmente.

Nel Rituale *Emulation*, invece, c'è una solenne Cerimonia di Installazione, ufficiale, a sé stante, condotta normalmente dal Venerabile uscente, cerimonia che inizia in grado di Compagno. Dopo le raccomandazioni del Maestro Installatore e gli impegni assunti dal nuovo Maestro Eletto, la Loggia viene aperta nel terzo grado. A questo punto tutti i Maestri di rango inferiore a quello di Maestro Installato (cioè i Maestri che non hanno in precedenza ricevuto l'investitura di Venerabile) vengono fatti uscire. Si apre, così, un Consiglio di Maestri Installati, che procede alla vera e propria installazione sul trono di Re Salomone del nuovo Maestro Eletto, comunicandogli la parola di passo di un Maestro Installato. Questa parola di passo consentirà al nuovo Maestro Venerabile di poter accedere agli alti gradi dell'Arco Reale.

Ecco perché, secondo alcuni autori, questa Cerimonia di Installazione viene considerata come una specie di "quarto" grado.

L'autorità del Maestro Venerabile è considerata sacra ed inviolabile, così come sacra è la sua persona. Questo perché la dignità del Maestro Venerabile riassume in sé la dimensione regale, la dimensione profetica e la dimensione sacerdotale.

La dimensione regale è quella di governare, ma nello stesso tempo quella di servire.

La dimensione profetica è quella di insegnare con autorità.

La dimensione sacerdotale è quella di consacrare, cioè, iniziare Apprendisti, passare Compagni, innalzare Maestri ed installare Venerabili.

Si rammenta che, proprio per questi motivi, il Maestro Venerabile è la carica iniziatica più alta della Massoneria Simbolica, è il punto terminale del percorso iniziatico, anche se esteriore.

È l'equivalente, *mutate mutandis*, del Vescovo della tradizione cristiana. Il Vescovo, infatti, è il grado più alto del sacramento dell'Ordine, dopo il diaconato ed il presbiterato.

Ci sono molte altre similitudini tra il Vescovo ed il Maestro Venerabile. Ad esempio, l'etimo Vescovo deriva da Epìscopos, dal greco επίσκοπος (επί, epì, sopra e σκοπέω, scopéo, guardare, osservare), cioè uno che guarda, osserva al di là, al di sopra, oltre, cioè un sorvegliante, un supervisore. Anche il Maestro Venerabile è un Sorvegliante, se non altro perché sorveglia le colonne poste ad Est.

Venerabile è un aggettivo che significa essere onorati, degni (in inglese il termine è *Worshipful*, che significa onorevole).

Etimologicamente Venerabile viene dal verbo latino *venerari* e dal suffisso latino di possibilità –*abilis*. Il verbo *venerari* ha la radice indoeuropea *van* (*ven*) che significa desiderare, amare, onorare. La radice la ritroviamo nel latino *venus*, bellezza, e in Venere, la dea della bellezza e dell'amore, per antonomasia.

Il titolo di Venerabile ha, quindi a che fare anche con Venere. Basta osservare che, dietro lo scranno del Maestro Venerabile, è posto, centralmente alla parete, l'Occhio divino inscritto in un Triangolo, ai lati del quale sono posti il Sole e la Luna. Il Sole per regolare il giorno, la Luna per governare la notte, ed il Venerabile per regolare e governare la Loggia, finalizzandola alla ricerca del Sé interiore.

Nella mitologia, il Sole e la Luna sono figli del Cielo e della Terra. Dall'unione del Sole e della Luna nascono due stelle, Lucifero, la stella mattutina, e Vespero, la stella serale. Bisogna considerare, però, che anche Venere è figlia del Cielo e della Terra (come il Sole e la Luna) e che Lucifero e Vespro sono le due facce della stessa Venere (che compare al mattino, all'aurora come Lucifero, e alla sera, al tramonto come Vespero).

Il Maestro Venerabile, che come abbiamo detto è la carica iniziatica più alta dell'Ordine, si trova anche sul piano fisico (altimetrico) nella posizione più alta rispetto a tutti gli altri: quindi vede le cose dall'alto, con una visione più distaccata, più equilibrata. E' il punto di equilibrio, il mediatore, perché riassume in sé il dualismo presente. È contemporaneamente Sole e Luna, Cielo e Terra, giorno e notte, maschile e femminile, bianco e nero, luce e tenebra.

Il Maestro Venerabile è l'androgino Venere nei suoi due aspetti, come stella mattutina e come stella vespertina. È la persona su cui "orientarsi" e dalla quale ricevere sempre la "luce". Venere è il luminare dell'alba e del tramonto: è visibile ad oriente prima che il Sole sorga, è visibile ad occidente dopo il calar del Sole.

Abbiamo precedentemente ricordato come le Luci minori[57] della Massoneria siano tre, il Maestro Venerabile, il 1° Sorvegliante, il 2° Sorvegliante. Il 2° Sorvegliante è rappresentato dal Sole; il 1° Sorvegliante dalla Luna. Distintivo del Maestro Venerabile è il Delta luminoso.

L'occhio inserito in un triangolo equilatero è il simbolo della Perfezione, è la raffigurazione sincretistica del Grande Architetto dell'Universo, di Dio, del Verbo, del Logos, dell'Onniveggente, dell'Onnipotente, dell'Onnisciente.

Tutte queste ineffabili qualità fanno parte del corredo ontologico del Maestro Venerabile. Ecco perché il Maestro Venerabile è la più alta carica iniziatica della Massoneria.

Il Principio Spirituale, presente nel Maestro Venerabile, deve riverberarsi in ogni Fratello. Quando il maglietto del Venerabile batte, quelli dei due Sorveglianti subito ripetono i colpi.

"Quando il Principio Divino nell'uomo parla nelle profondità del suo essere, le parti rimanenti della sua natura dovrebbero risuonare in armonia. Senza la presenza in lui di questo Principio Divino, l'uomo sarebbe meno che umano. A causa della sua presenza in lui, egli può diventare più che umano. Coltivando la consapevolezza di ciò, egli può diventare uno con il Principio Divino, nella misura in cui nega e rinuncia ad ogni cosa che è inferiore al divino"[58]. Chi ha orecchie, intenda!

---

[57] Le Luci maggiori sono, invece, il Libro della Legge Sacra, la Squadra ed il Compasso.

[58] Walter Leslie WILMSHURST, *Il significato della Massoneria,* Roma, Edizioni Settimo Sigillo, 2016, p. 121.

IL DIRETTORE DELLE CERIMONIE
(*Director of Ceremonies*)

Con il precedente capitolo abbiamo terminato la disamina delle sette cariche di Loggia, impegnate nella cerimonia di ingresso nel Tempio e di uscita dal Tempio del corteo degli Ufficiali all'uopo preposti.

Ora analizziamo la figura del Direttore delle Cerimonie, (così chiamato nel Rituale *Emulation*, mentre nel Rito Scozzese è detto Maestro delle Cerimonie), colui che è deputato ad accompagnare ed a mettere in ordine i sette Fratelli.

È bene precisare che la "processione" del corteo, all'ingresso e all'uscita, non è obbligatoria nel Rituale *Emulation*. Se essa, però, viene effettuata, l'unica regola da osservare è quella che all'ingresso gli Ufficiali entrano in rango crescente e all'uscita in rango decrescente.

È necessario, a proposito del rango, fare una premessa. Secondo il Rituale *Emulation*, non esiste la classe dei Dignitari; gli Ufficiali di Loggia si dividono in due gradi: Ufficiali Regolari ed Ufficiali addizionali.

Gli Ufficiali regolari sono nove: il Maestro Venerabile, il Primo Sorvegliante, il Secondo Sorvegliante, il Tesoriere, il Segretario, il Primo Diacono, il Secondo Diacono, il Copritore Interno, il Copritore Esterno.

Gli Ufficiali addizionali sono tutti gli altri, compreso il Direttore delle Cerimonie.

Tra gli Ufficiali che compongono il corteo d'ingresso, soltanto il Direttore delle Cerimonie è un Ufficiale addizionale, una carica cioè aggiuntiva, accessoria, eccedente. Infatti, essendo di rango inferiore, nel corteo degli Ufficiali è il primo ad entrare e l'ultimo ad uscire.

È il Principio e la Fine. È l'Alfa e l'Omega.

Graham Redman, nel suo libro *Emulation working today* del 2007, dichiara che la carica di Direttore delle Cerimonie "non è indispensabile"(!).

È pur vero che, al di là della eventuale predisposizione del corteo di ingresso e di uscita dal Tempio degli Ufficiali preposti, il Direttore delle Cerimonie ha uno scarsissimo peso rituale durante le Cerimonie di apertura/chiusura della Loggia nei tre gradi e nelle Cerimonie di Iniziazione, Passaggio e Innalzamento.

In altre Cerimonie, invece, il Direttore delle Cerimonie acquista più importanza.

Infatti, è lui che, in alcune Logge, si prende carico, nella Cerimonia di Installazione del Maestro Venerabile, di molto lavoro svolto dal Maestro Installatore.

Ma a parte ciò, il suo compito principale, come si evince dal suo titolo, è quello di essere il responsabile dell'attività cerimoniale della Loggia.

Suo dovere, infatti, è quello di verificare che il Tempio sia in ordine e che i collari degli Ufficiali siano posti nella giusta posizione.

È lui quello che deve accompagnare all'interno della loggia i Fratelli visitatori di riguardo, sia prima che dopo che la loggia sia stata aperta.

Nelle cerimonie dei tre Gradi, ha il compito di guida e supervisione del lavoro, come predisporre anticipatamente gli attrezzi e i materiali occorrenti del grado.

Suo compito, inoltre, è quello di sbrigare alcune procedure che si incontrano in loggia, come quella di abbassare o alzare l'intensità delle luci nel Tempio, nelle Cerimonie, qualora occorra.

Tra le sue incombenze c'è quella di suggeritore per coloro che ne avessero bisogno, tranne che per il M.V., il cui suggeritore è l'Immediato Ex-Maestro Venerabile. Può sembrare un po' bizzarro questo compito, ma nei paesi anglosassoni il rituale non si legge, come da noi, ma lo si recita a memoria. In questo caso, però, c'è sempre la possibilità di una incresciosa amnesia. Allora, il suggeritore è necessario, per non interrompere il "ritmo"!

Nel rituale scozzese, invece, il Maestro delle Cerimonie ha compiti diversi, come l'accensione del Testimone, accensione che egli compie in completa solitudine e raccoglimento. È bene ricordare che il Testimone è l'unica candela di cera accesa prima dell'apertura dei lavori. La sua fiamma servirà, poi, per accendere le tre luci minori del Tempio. Verrà spenta dopo la chiusura dei lavori, sempre dal Maestro delle Cerimonie, sempre in solitudine e raccoglimento, dopo che tutti i Fratelli siano usciti dal Tempio.

Anche nel rituale scozzese, il Maestro delle Cerimonie è il primo ad entrare in Loggia ed è l'ultimo ad uscirne.

È il Principio e la Fine. È l'Alfa e l'Omega.

Altro compito del Maestro delle Cerimonie, sempre secondo il Rituale scozzese, è quello di tracciare i Quadri di Loggia, a seconda del grado in cui la Loggia lavora. Mentre nel Rituale *Emulation* l'esposizione delle Tavole di Tracciamento spetta al Secondo Diacono.

In poche parole, come è riportato nel rituale *Emulation* della sua nomina ed investitura, il compito del Direttore delle Cerimonie è quello di "osservare che le cerimonie di Loggia siano condotte con correttezza e decoro, che i Visitatori ed i Fratelli vengano collocati secondo il loro rango e gli Ufficiali occupino i loro rispettivi posti"[59].

Ci corre l'obbligo di precisare di non essere d'accordo per la poca considerazione che il Direttore o Maestro delle Cerimonie è considerato, sia nelle Obbedienze scozzesi che in quelle *Emulation*.

In quelle che si rifanno al Rito Scozzese, il Maestro delle Cerimonie non è considerato un Dignitario, ma solo Ufficiale (anzi, in talune Obbedienze è considerato Ufficiale di 2ª classe). Nelle Logge anglosassoni che seguono l'*Emulation* è considerato Ufficiale addizionale e viene definito addirittura "non indispensabile".

Non siamo d'accordo, innanzitutto, perché in Massoneria le cariche sono tutte importanti. Non esistono cariche di prima, seconda e terza classe. A parte la carica di Maestro Venerabile, che è una carica iniziatica, tutte le rimanenti hanno pari dignità.

[59] Cfr. Rituale Emulation, *Nomina ed investitura del DC e dell'ADC.*

Siamo sempre più convinti che le cariche di loggia, se non vengono "interiormente" vissute, sono solo un orpello, utile a soddisfare la nostra vanità, la nostra ambizione. E, se non sono "vissute", sono inutili, inefficaci, sterili.

Ogni Fratello che ricopre una carica di Loggia, il primo lavoro che deve compiere è quello di "ri-flettere", di cercare, al di là delle forme esteriori che la carica comporta, i significati più profondi, esoterici, nascosti, contenuti in essa.

Secondo noi, il Direttore/Maestro delle Cerimonie è il cuore della Loggia, è come un Direttore d'orchestra, che non suona alcuno strumento, ma è il responsabile della buona riuscita della esecuzione orchestrale.

E come il Direttore d'orchestra non suona, così il Direttore delle Cerimonie non parla. La sua caratteristica è il silenzio.

Il Direttore delle Cerimonie parla attraverso i gesti ed il movimento. Tutti noi sappiamo come il silenzio nella via iniziatica sia importante. L' Apprendista vive di silenzio, perché deve imparare a tacere, a far tacere le proprie passioni e a sviluppare la propria personale vita spirituale. Tutti noi dobbiamo ascoltare la voce della nostra interiorità, voce che deve sempre più diventare "assordante", man mano che procediamo sulla via iniziatica, fino a diventare "finalmente" sordi al ... canto delle Sirene.

E come il Direttore d'orchestra dà il La ai musicisti, così il Direttore/ Maestro delle Cerimonie dà il via ai lavori muratori, entrando per primo nel Tempio ed uscendo per ultimo dal Tempio. È un'antenna che convoglia verso i partecipanti della tornata le energie dall'alto, perché avverte lo stato interiore di tutti i Fratelli.

Non sappiamo chi di voi abbia assistito ad una cerimonia massonica in una Loggia inglese. Sarà rimasto meravigliato ed attonito, come lo fummo noi la prima volta, dalla figura solenne, oserei dire, ieratica del Direttore delle Cerimonie. L'altezzosità dello sguardo, la compostezza dei gesti e la marzialità dei passi producono negli astanti una fascinazione, come se tutto fosse opera di un mago.

Come abbiamo nei precedenti capitoli osservato, il Direttore delle Cerimonie porta un'asta, sottile, di sezione circolare, della stessa lunghezza di quella dei Diaconi. Divergono tra loro per il diverso gioiello posto sull'asta in alto: la colomba che stringe nel becco un ramoscello di olivo per i Diaconi e due aste a croce di Sant'Andrea, legate da un nastro, per il Direttore delle Cerimonie. Queste ultime costituiscono anche il gioiello di Ufficiale di Loggia.

Il significato dell'asta è già stato analizzato nel capitolo sui Diaconi.

Il Direttore delle Cerimonie, insieme ai due Diaconi, vengono indicati, nel mondo massonico anglosassone, come "Ufficiali di pavimento". Sì, è vero, ciò è dovuto al fatto che il lavoro di questi tre Ufficiali si svolge prevalentemente in piedi, percorrendo in lungo ed in largo il pavimento della loggia.

A noi, però, piace pensare che il pavimento, di cui all'oggetto, debba riferirsi al pavimento a scacchi. Quindi, sarebbe più corretto chiamarli "Ufficiali del pavimento a scacchi".

Il pavimento a scacchi rappresenta la dualità in cui vive l'uomo profano: bianco e nero, bene e male, giorno e notte, nascita e morte, forza e debolezza, dolce e amaro.

Il massone si diversifica dal profano, perché "cammina", perché va oltre, perché non deve fermarsi alle apparenze. Il profano, di fronte al pavimento a scacchi, certamente pensa al mondo duale, all'opposizione dei contrari.

L'iniziato, invece, deve andare oltre. Bianco e nero non sono contrari, sono complementari. La complementarietà li riunisce, perché ogni elemento del binario racchiude il suo contrario. Nella rappresentazione grafica dello Yin/Yang, è evidente questo concetto: al centro dello Yin scuro c'è un punto chiaro; al centro dello Yang chiaro c'è un punto scuro. Ogni elemento del binario racchiude il suo contrario.

Qual è il significato che possiamo ricavare dalla "coincidenza degli opposti"?

Che il bene e il male non sono entità contrarie, ma complementari.

Che il giorno e la notte ontologicamente non esistono, ma sono un *unicum*, la cui identità è mutevole ad ogni battito d'ali.

Che nascita e morte sono un tutt'uno.

L'arcano interrogativo che dobbiamo porci è questo: la nascita determina la morte? ma la morte non determina una nascita?

Ed ecco che ritorniamo all'Alfa e all'Omega.

Il Principio **è** la Fine, e la Fine **è** il Principio.

IL TESORIERE
(*Treasurer*)

Il Tesoriere è una carica apparentemente insignificante, misconosciuta, tanto che molti fratelli di loggia, se interrogati, non ricordano il nome del fratello che la ricopre.

Questa considerazione vale sia per il Rituale *Emulation* che per quello Scozzese. Con un aggravante per i fratelli dell'*Emulation*, in quanto secondo la tradizione *Emulation*, il Tesoriere, unitamente al Maestro Venerabile ed al Copritore Esterno deve essere eletto (annualmente, nei paesi anglosassoni) dai membri della Loggia, mentre tutte le altre cariche sono di nomina del Maestro Venerabile. Già questa caratteristica dovrebbe farci riflettere. Si può dire, incidentalmente, che il Copritore Esterno ed il Tesoriere sono "indipendenti" dal Maestro Venerabile.

Nel Rituale Scozzese il Tesoriere è un Dignitario (ricordo che esistono Dignitari e Ufficiali) e, gerarchicamente, è la sesta carica della Loggia.

Nel Rituale *Emulation*, invece, il Tesoriere è un Ufficiale regolare (esistono solo Ufficiali regolari ed Ufficiali addizionali), e, gerarchicamente è la quarta carica della Loggia.

Iniziamo ad analizzare la carica del Tesoriere, partendo dal suo gioiello.

Nel Rituale *Emulation*, esso è rappresentato da una chiave con la testa in alto.

Nel Rituale Scozzese, in alcune Obbedienze, il gioiello è rappresentato, come nell'*Emulation*, da una chiave con la testa in alto; in altre Obbedienze, invece, è rappresentato da due chiavi incrociate con testa in alto.

Ad una lettura superficiale, la chiave del Tesoriere serve per chiudere in un luogo sicuro il Tesoro di Loggia, costituito dalle capitazioni che i fratelli versano annualmente alla loggia.

Ad una lettura più profonda, la chiave serve ad aprire i segreti del nostro cuore, a cui i nostri comportamenti debbono uniformarsi.

È opportuno ricordare come il simbolo della "chiave" lo si ritrova spesso in Massoneria.

Nel rituale *Emulation* è posta al di fuori, sullo stipite in alto a destra della porta.

Nel rituale Scozzese la chiave è posta sul tavolo del 1° Sorvegliante.

Non dobbiamo dimenticare come anticamente la chiave era abbinata al tema di morte-rinascita.

Possessore di chiave era il mitraico Aion (chiamato dai greci Κρόνος, Cronos, dai latini, Saturno), Maestro del Tempo e dei suoi cicli, rappresentato come un uomo alato con la testa di leone, che aveva in una mano un fulmine e nell'altra le chiavi che aprono le porte del Cielo.

Anche il romano Giano teneva le chiavi, che aprivano le porte solstiziali, così come la dea greca di origine anatolica Ecate, regina dell'oltretomba ed evocatrice dei defunti.

E, più recentemente, non possiamo non ricordare come il simbolismo della chiave sia presente nel Cristianesimo.

Gesù dà a Pietro le chiavi del Regno dei Cieli (Mt 16:19);

Cristo si rivela a Giovanni come il detentore delle chiavi della Morte e dell'Ade (Ap 1:18).

Il Boucher riporta, soltanto (!), che "Il Tesoriere ha l'ingrato compito di raccogliere le quote e deve vigilare alla buona organizzazione finanziaria dell'Officina"[60].

Nel libro *Emulation Working Today* del Fr. Graham Redman, si legge che "Storicamente, il Tesoriere era un uomo di saldezza ed integrità morale su cui poter fare affidamento per tenere al sicuro i fondi della Loggia e per erogarli quando richiesto. Il compito di mantenere la documentazione finanziaria della Loggia era invece devoluto al Segretario. Più recentemente, tuttavia, la natura della carica è mutata ed i Tesorieri ora tendono ad essere eletti per la loro perizia nella contabilità. [...] Il Tesoriere non ha da svolgere compiti di natura rituale. La sua carica è, comunque, indubbiamente, una

---

[60] Jules BOUCHER, *La simbologia massonica*, Roma, Athanòr, 1975, p. 104.

carica importante, e, perciò, merita questo capitolo".

Come si può osservare, mentre la prima parte della spiegazione del Redman (che dice che viene richiesta, per ricoprire la carica, una conoscenza contabile, ragionieristica) è puramente exoterica, profana; l'ultima parte (che dice che la carica è comunque indubbiamente importante) ci lascia immaginare che c'è un significato più vero, esoterico.

A questo punto, è opportuno e necessario aprire una parentesi.

In primo luogo, abbiamo già ribadito nei capitoli precedenti come in Loggia non esistono, esotericamente parlando, cariche superiori od inferiori rispetto ad altre. Ognuna ha una sua peculiarità, che l'iniziato ha il dovere (o meglio, l'obbligo) di conoscere, interiorizzarla e farla propria. Ogni carica non è altro che una faccia della Verità.

In secondo luogo, in tutte le vie iniziatiche, come la Massoneria (non dimentichiamolo mai!), c'è anche una dimensione pratica, necessariamente profana, che serve per mandare avanti la macchina organizzativa ed amministrativa della stessa. Se ci limitiamo, esclusivamente, a questo aspetto, però, la Massoneria diventa una semplice Associazione, vuoi di natura culturale che ricreativa, vuoi di promozione sociale, di solidarietà, di mutuo soccorso, ecc.

Tutte con finalità utili e nobili. Ma queste non rappresentano l'essenza della Massoneria, non esprimono il significato della stessa.

L'attività del Massone, sia in loggia che fuori della loggia, deve essere sempre finalizzata alla ricerca del Vero; il Libero Muratore deve imparare a scoprire ciò che è nascosto, a svelare ciò che è celato e a ri-velare (cioè, velare di nuovo) ciò che ha scoperto.

La Verità è più vicina a noi di quanto non si pensi, basta solo avere il desiderio ed il coraggio di togliere il velo che la tiene nascosta.

Dobbiamo andare oltre l'apparenza.

Le cariche di Loggia, pertanto, non devono essere considerate solo come effimero *cursus honorum,* che conducono al Venerabilato, come se si trattasse di una successione ordinata di incarichi, necessari per arrivare all'apice, ad esempio, della carriera, degli impieghi, degli studi, delle professioni.

Ogni fratello che ricopre una carica di loggia, non deve, perciò, limitarsi al significato letterale della carica, ma, ripetiamo, deve scoprire ciò che è nascosto in essa. Soltanto così potrà introiettare, fare sua, l'essenza della carica.

Torniamo alla carica di Tesoriere.

Etimologicamente, il tesoriere è colui che custodisce, cura un tesoro. Nella fattispecie, il Tesoro di Loggia.

Ma il Tesoro di Loggia non sono le capitazioni stabilite per le spese di affitto dei locali, per il pagamento delle utenze e dei costi di gestione. Esotericamente parlando, il Tesoro di Loggia è l'Oro spirituale elaborato dai fratelli.

Il Tesoriere deve controllare, calibrare la caratura di questo Oro, prodotto dai fratelli. Se non si è raggiunta la giusta caratura, il Tesoriere deve fare in modo che il fratello prosegua con sollecitudine e con più impegno nella sua opera di trasmutazione.

Dapprima deve, però, valutare il peso dei "metalli" presenti in loggia, in modo da preparare i Fratelli alla "trasmutazione" in Oro spirituale.

Tutto ciò ricorda il procedimento alchemico di trasmutazione del piombo in oro.

In sintesi, il Tesoriere deve constatare l'arricchimento spirituale, individuale e di gruppo; ed una volta trasformati i metalli in Oro, questo va tesaurizzato e chiuso a chiave, per essere, poi, distribuito per pagare il salario agli operai, a beneficio dei Fratelli stessi, della Loggia, dell'Ordine e dell'Umanità intera.

Come potete comprendere, quella del Tesoriere è una carica molto, molto importante, nonostante non abbia compiti rituali e, forse, soprattutto per questo.

Vien da pensare che la domanda che il Maestro Venerabile rivolge, al termine dei lavori, al Fr. Oratore, nel Rituale Scozzese, "Fr. Oratore, Vi prego di darci le vostre conclusioni", dovrebbe essere più giustamente rivolta al Fr. Tesoriere, che è il più abilitato.

IL SEGRETARIO
(*Secretary*)

Prima di cercare di comprendere il significato esoterico della figura del Segretario, analizziamo alcuni aspetti di esso.

Chi è il Segretario? Cosa vuol dire segretario? Etimologicamente deriva da *secretus*, participio passato del verbo *secernēre* (composto dalla particella di separazione *sē-* e dal verbo *cernēre,* vagliare), cioè "vagliare separando". "Vagliare separando" vuol dire "filtrare". Ricordiamolo questo termine.

"Il Segretario è, pertanto, colui che "estirpa" ogni corpo estraneo (elemento profano) dal contesto massonico (elemento sacro), rendendo mondo (puro) ciò che potrebbe contaminarlo"[61].

Il gioiello del Segretario è uguale sia nel Rituale *Emulation* che in quello Scozzese: due penne d'oca incrociate tra loro. È caratteristica notoria la leggerezza del piumaggio dell'oca, tanto tenue, impalpabile, che è sufficiente un modestissimo alito di vento per far volare via le piccole piume. Il gioiello vuol affermare, quindi, che *verba volant, scripta manent.* La tradizione orale non è più considerata sufficientemente affidabile. La memoria orale è considerata troppo fugace. È necessaria una memoria scritta, che permanga e si conservi nel tempo.

Il Segretario, essendo il custode di tutte le carte, i registri e i documenti della Loggia rappresenta, in tal senso, la memoria della Loggia, ma questa è una memoria intelligente e non meccanica, perché conserva ogni acquisizione del lavoro singolo e di gruppo e ricorda quali sono le mete da raggiungere.

Nei paesi anglosassoni che adottano il rituale *Emulation*, la carica di Segretario è affidata ad un Ex-Maestro Venerabile. Questo dimostra la sua importanza. Il Segretario è tenuto ad emettere le comunicazioni, specificando dettagliatamente tutti gli argomenti del

---

[61] Ruggero di CASTIGLIONE, *Corpus Massonicum*, Roma, Atanòr , 2007, p. 242.

lavoro che può essere portato nella Loggia; frequentare puntualmente la Loggia; annotare nei verbali i procedimenti adottati per ratificarli nella successiva regolare riunione di Loggia. Gli viene richiesto, inoltre, di mantenere un registro aggiornato dei nomi e degli indirizzi di tutti i membri e fare l'annuale relazione alla Gran Loggia.

Oltre a questi aspetti, puramente amministrativi, il suo compito principale è quello della stesura e della lettura del Verbale della Tornata precedente.

Il Segretario deve esporre nella Tavola, in poche frasi sintetiche, le linee direttrici, fondamentali degli interventi dei FF. di loggia e dei visitatori, nominandoli. Deve essere capace di estrapolare da un discorso le parti più importanti, tralasciando quelle accessorie, e realizzando, in tal modo, un risultato significativo più breve ed incisivo.

Se c'è un intervento scritto, questo può essere allegato al verbale, specificando che esso ne è parte integrante.

Dopo la lettura, e dopo l'eventuale modifica apportata, e l'approvazione da parte della Loggia, il Libro dei Verbali viene portato dal 1° Diacono al Maestro Venerabile per la firma.

Nel Rituale Scozzese le funzioni del Segretario sono quasi sovrapponibili a quelle dell'*Emulation:*

"Il Segretario riceve e conserva nei locali della Loggia tutte le carte, i registri e i documenti della Loggia; attende alla corrispondenza, alle convocazioni, alla compilazione e alla tenuta dei verbali delle sedute di Loggia, dei Consigli e delle Commissioni cui è chiamato a partecipare; cura l'esecuzione delle deliberazioni della Loggia e delle disposizioni del Venerabile; provvede all'adempimento di tutte le funzioni di carattere amministrativo e regolamentare, per il buon andamento della Loggia.

Il Segretario deve tenere in ordine, per ciascuna Camera e per ciascuna Commissione cui partecipa, un registro dei lavori numerato e firmato in ogni pagina dal Venerabile prima dell'uso.

Il Segretario custodisce, inoltre, la Bolla di Fondazione della Loggia e il Libro della Sapienza nel quale sono raccolti la Costituzione e il suo Regolamento, il Regolamento interno della Loggia, i provvedimenti di carattere normativo, i Rituali e quant'altro riguarda la direzione e le attività della Loggia"[62].

Non esiste, che noi sappiamo, alcuna norma che prescriva i tempi e i modi per redigere il Verbale di Loggia.

Secondo noi il Verbale dovrebbe essere redatto quanto prima, massimo il giorno dopo la Tornata, quando i ricordi e le sensazioni sono ancora saldi ed inalterabili.

Con il trascorrere dei giorni, i ricordi e le sensazioni vengono metabolizzati e archiviati. Farli riemergere è sempre possibile, ma potrebbero, però, essere sfumati ed incerti.

Gli unici compiti rituali (nel senso di partecipazione attiva nelle cerimonie iniziatiche) che il Segretario svolge, nel Rituale *Emulation*, li ritroviamo nella cerimonia di Installazione del Maestro Venerabile.

In piedi, rivolto al Maestro Venerabile Eletto, il Segretario dà lettura degli Antichi Doveri dal Libro delle Costituzioni, facendo una breve pausa dopo ciascun Dovere al fine di permettere al Maestro Eletto di dare il segno di Fedeltà.

Nel Rituale Scozzese, invece, il Segretario non ha nessun compito rituale.

Nel Rituale *Emulation*, il tavolo del Segretario è situato sul lato settentrionale della Loggia, alla stessa altezza (ma di fronte), di quello del 2° Sorvegliante. Accanto al Segretario, sulla destra, siede il Tesoriere.

Nel Rituale Scozzese, invece, lo scranno del Segretario si trova ad Oriente, sul lato sud, di fronte all'Oratore. Come l'Oratore, anzi, come tutti coloro che siedono ad Oriente, egli chiede direttamente la parola al Maestro Venerabile. Tratteggia la bozza dei lavori e, in base a questa, redige, successivamente la Tavola di Architettura, che dovrà essere approvata nella tornata successiva. Dopo la lettura, le

---

[62] G.L.N.L.M.I. (discendenza 1805), *Norme di attuazione degli Statuti generali dell'Ordine,* art. 38, p. 9

eventuali correzioni e l'approvazione da parte della Loggia, il Maestro delle Cerimonie, porta il Verbale prima, al Maestro Venerabile e, successivamente, all'Oratore per la firma; poi, lo riconsegna al Segretario che vi appone la propria.

Dopo aver enunciato gli aspetti esteriori (amministrativi) della carica di Segretario, cercheremo, nei limiti delle nostre possibilità, di analizzare la prospettiva interiore, più nascosta, che la carica comporta.

Abbiamo già indicato come il Segretario nel redigere il Verbale della tornata precedente, deve saper "filtrare" il contenuto degli interventi dei Fratelli, "separando il grano dal loglio[63]".

Tra i compiti del Segretario, abbiamo sempre puntato il dito sull'aspetto redazionale, scritto, della sua funzione verbalizzante. Abbiamo dato più importanza, cioè, alla scrittura del Verbale dei lavori di Loggia, e non alla sua lettura. La lettura, invece, è importante. Lo scritto può essere letto maldestramente e può essere recepito in modo anomalo.

Il modo di esporre il contenuto è il risultato di più fattori (tonalità della voce, pause, mimica facciale, pronuncia ...) che concorrono a suscitare un'attiva partecipazione dei presenti. La lettura viene eseguita perché, non dimentichiamolo mai, ci sono Fratelli presenti che ascoltano.

Perché è importante questa sintonia tra il Segretario ed i FF. presenti?

Nel leggere il Verbale, il Segretario "deve ricostituire non solo il filo dei discorsi [...] ma l'indissolubilità della Catena formata dai Fratelli. Deve, cioè, ricondurre i FF. nel "tempo sacro" dei lavori operativi, che è al di fuori del tempo cronologico e nel quale non esiste soluzione di continuità. Il Segretario deve, insomma, sforzarsi di ricostruire l'atmosfera e gli stati di coscienza acquisiti, facilitando la ricollocazione dei FF. nel punto geografico, o geometrico, o geodetico, noto ai soli figli della Vedova"[64].

---

[63] *Matteo,* 13: 24 segg.

[64] Ivan MOSCA, *Quaderni di simbologia muratoria,* GOI, 1976, Roma (a cura del

"Il verbale dei lavori precedenti deve essere il giusto riflesso di tutto ciò che è stato tramandato e pronunciato nella loggia. Tale memoria della loggia favorisce la consapevolezza delle decisioni prese, e consente di riattualizzare l'esecuzione e di proseguire il lavoro precedentemente intrapreso"[65].

Ma gli aspetti di "filtro" e di "memoria", propri della carica, sarebbero inefficaci e improduttivi, se il Segretario non possedesse una qualità essenziale e determinante, che è quella della "sintesi".

Etimologicamente "sintesi" deriva dal greco σύν (con, insieme) e τίϑημι (porre, mettere) e significa letteralmente "mettere insieme". Cioè, è un procedimento che mette insieme parti, anche diverse, per comporre una realtà più ampia che li ricomprende. È un processo che mette insieme delle parti al fine di comporre un intero.

La sintesi, quindi, non è la capacità di fare un semplice riassunto. Purtroppo, spesso e volentieri, il Verbale della Tornata è un semplice e meccanico compendio dei lavori svolti. Tra l'altro, a volte, il riassunto è un miscuglio di notizie, di appunti che non hanno senso logico. Per non parlare, poi, di quando nel Verbale si fa accenno all'intervento di un fratello, ma ci si dimentica di "sintetizzare" il suo intervento.

Filosoficamente parlando, la "sintesi" è un momento della riflessione, strettamente connesso all'"analisi". Analisi e sintesi designano due momenti complementari e contrapposti della riflessione. È la *coincidentia oppositorum,* alla quale abbiamo accennato più volte, cioè l'unione dei contrari, che, poi, contrari non sono, ma sono solo complementari.

La "sintesi" la ritroviamo nella terza fase della dialettica filosofica (da Socrate ad Hegel): tesi, antitesi, sintesi.

G.O.I.), s.d. (dopo 1977), quad. n. 4. Ricordo che il punto geografico è riferito al lavoro del primo grado (piano fisico), il punto geometrico al lavoro del secondo grado (piano animico), il punto geodetico al lavoro del terzo grado (piano spirituale).

[65] Irene MAINGUY, *Simbolica massonica del terzo millennio*, Roma, Ediz. Mediterranee, 2013, p. 424.

La tesi è un semplice enunciato.

L'antitesi è un secondo enunciato che contraddice il primo.

La sintesi armonizza e supera le prime due fasi e conduce alla Verità, o meglio alla Conoscenza. È il momento conclusivo del processo dialettico, che supera ed unifica posizioni opposte, in cui si risolve la contraddizione della tesi e dell'antitesi in una superiore Unità.

Ecco perché la sintesi è l'attributo principale del Segretario, e di conseguenza deve essere un patrimonio comune a tutti i Liberi Muratori.

IL CAPPELLANO
(Chaplain)

Nel Rituale *Emulation* il Cappellano non è un Ufficiale di Loggia, ma solo un Ufficiale addizionale, nominato dal Maestro Venerabile, così come il Direttore delle Cerimonie, l'Elemosiniere, il Cerimoniere della Carità, l'Organista, e gli Assistenti.

Nell'ordine dell'investitura il Cappellano è il quarto Ufficiale ad essere investito, dopo il Maestro Venerabile e i due Sorveglianti. Ciò vuol significare che il Cappellano svolge una carica particolare.

In Loggia il Cappellano è posto immediatamente a sinistra dell'Immediato Ex-Maestro Venerabile, ed il suo dovere consiste, sia all'Apertura, sia alla Chiusura della Loggia, in ogni Grado, così come nelle tre Cerimonie (di Iniziazione, di Passaggio, di Elevazione), nell'invocare la benedizione dell'Onnipotente sui Lavori rituali che si stanno compiendo.

Il gioiello del Cappellano rappresenta il Libro della Legge Sacra dentro un triangolo, sovrapposto ad un radiante a dodici punte.

Lo stesso gioiello lo ritroviamo, nel Rito scozzese, appartenente all'Oratore. Nella Massoneria scozzese non esiste attualmente la carica di Cappellano, così come non esiste nell'*Emulation* la carica di Oratore. Avere, però, lo stesso gioiello, lascia supporre una affinità, se non una identità, tra le due cariche. Sicuramente, le due cariche erano, anticamente, equivalenti. Probabilmente, diversità ideologiche, derivanti da una distorta cultura Illuministica, hanno determinato la decisione di cambiare il nome ad una carica, quella di Cappellano, il cui etimo richiamava un aborrito clericalismo.

Attualmente, l'Oratore, che nel Rito Scozzese è un Dignitario, è il custode della Legge, cura l'istruzione muratoria della Loggia, pronuncia opportuni discorsi nei riti di iniziazione, spiega i simboli iniziatici dei gradi di Apprendista, di Compagno e di Maestro. L'Oratore, inoltre, è l'interprete della Loggia ed esprime le sue conclusioni sui lavori svolti. Una volta espresse le conclusioni da parte dell'Oratore, a nessun Fratello è consentito prendere ancora la parola sull'argomento. Insieme al Segretario ed al Maestro Venerabile, appone la firma al Verbale della Tornata massonica, precedentemente approvata dai partecipanti presenti in Loggia.

È consuetudine nelle logge *Emulation* affidare la carica di Cappellano al fratello che profanamente è un Ministro di culto. In caso contrario, la carica viene assegnata ad un Fratello anziano, massonicamente parlando, preferibilmente un ex-Maestro Venerabile. Se non viene nominato nessun Cappellano, spetta al Maestro Venerabile pronunciare le preghiere.

Anticamente, nelle logge operative, era indispensabile, per ovvie ragioni, l'adesione alla Loggia di un cappellano e di un medico, a cui erano affidati, rispettivamente, la cura dell'anima e quella del corpo. Ricordo come gli ecclesiastici in Inghilterra, al fine di adempiere alle funzioni di cappellano di Loggia, erano iniziati in logge speciali denominate *Lodges of Jakin*. E i cappellani venivano chiamati *Brothers of Jakin*, Fratelli di *Jakin*, in omaggio a Jakin, l'Assistente Gran Sacerdote che aveva consacrato il Tempio di Re Salomone.

Il Fratello nominato Cappellano deve mostrarsi sicuro e competente nel Rituale. Deve, inoltre, possedere una certa autorevolezza di comportamento. Le preghiere rivolte all'Altissimo devono apparire, così come lo sono, sincere, e debbono essere espresse con la maggiore accuratezza possibile, senza il minimo rischio di errore.

Il Cappellano, inoltre, deve, di norma, assolvere ad un ulteriore compito. Spetta, infatti, a lui rivolgere una breve preghiera di ringraziamento, prima e dopo l'agape. Ricordo che l'agape, nel Rituale *Emulation*, è obbligatoria per tutti i Fratelli ed è parte integrante della cerimonia rituale.

Abbiamo precedentemente accennato come Il gioiello, che, ripeto, è comune sia al Cappellano che all'Oratore, sia rappresentato da un libro aperto, il Libro della Legge Sacra. Ricordo che il Libro della Legge Sacra, insieme alla Squadra ed il Compasso, costituisce una delle tre grandi Luci della Massoneria.

Una Loggia non può aprire i propri lavori rituali se manca una delle grandi Luci e deve essere sempre aperta la Bibbia o il Libro a cui è legato il proprio credo religioso.

Il Libro della Legge Sacra è l'infallibile guida alla verità e alla giustizia; è il regolatore delle nostre azioni in base ai precetti divini che esso contiene. Da esso si possono apprendere quali sono i doveri verso Dio, verso il prossimo e verso sé stessi.

Solo sviluppando il senso religioso dell'esistenza umana, potremo fare in modo che le nostre azioni e la nostra coscienza, qualunque cosa possa accadere, rimarranno incorrotte e incrollabili.

Concludendo, possiamo dire che l'unico importante aspetto in comune, attualmente tra il Cappellano (*Emulation*) e l'Oratore (Scozzese), è quello di essere il Custode della Legge Sacra, il Garante della Tradizione e il Seminatore della Parola.

INDICE